又瘦又美又健康

女性减脂塑形指南

仰望尾迹云 —— 著

中国·广州

图书在版编目（CIP）数据

又瘦又美又健康：女性减脂塑形指南 / 仰望尾迹云著. -- 广州：广东旅游出版社，2025.1. -- ISBN 978-7-5570-3444-3

Ⅰ. G883-62

中国国家版本馆 CIP 数据核字第 2024R17P17 号

免责说明

本书内容旨在为大众提供有用的信息。所有材料（包括文本、图形和图像）仅供参考，不能替代医疗诊断、建议、治疗或者来自专业人士的意见。所有读者在需要医疗或者其他专业帮助时，均应向专业医疗保健机构或者医生进行咨询。作者和出版商已尽可能确保本书观点和方法的客观性和合理性，并特别说明，不会承担使用本出版物中提供的方法产生的损伤所带来的相关一切责任、损失或风险。

出 版 人：刘志松
责任编辑：张晶晶　黎懿君
责任校对：李瑞苑
责任技编：冼志良

又瘦又美又健康：女性减脂塑形指南
YOUSHOU YOUMEI YOUJIANKANG: NÜXING JIANZHI SUXING ZHINAN

广东旅游出版社出版发行
（广州市荔湾区沙面北街 71 号首层、二层　邮编：510130）
印刷：涿州市京南印刷厂
（涿州市华丰厂北侧）

联系电话：020-87347732　　邮编：510130
880 毫米 ×1230 毫米　32 开　8.75 印张　148 千字
2025 年 1 月第 1 版　2025 年 1 月第 1 次印刷
定价：68.00 元

［版权所有　侵权必究］

本书如有错页倒装等质量问题，请直接与印刷厂联系换书。

 目 录

序言 // V

第一章
减脂,是高度个人化的课题

    1. 火星和水星——男女在减脂中有什么不同 // 003
    2. 减脂需要考虑心理、文化和审美的差异 // 008
    3. 一个简单的体态问题,能给我们多少启发 // 010
    4. 不直的腿可以练直吗 // 016
    5. 大基数女性减脂的难处及应对措施 // 019
    6. 小基数女性减脂,需要特别注意什么 // 027

第二章
最火的减脂法大测评

    1. 素食减脂不靠谱 // 045
    2. 素食一定对健康有利吗 // 047
    3. 素食对于身体的负面影响 // 052

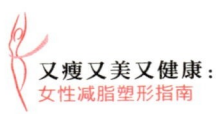

4. 生酮饮食能瘦,但不能减脂 // 066
5. 生酮饮食完全不能用吗 // 070
6. 为什么有的医生、畅销书在大肆推荐素食或生酮饮食呢 // 074
7. 最火的流量明星——"16-8轻断食" // 079
8. "16-8轻断食"的缺点都有什么 // 084

第三章
女性减脂的底层逻辑——饮食篇

1. 三大营养素在减脂中扮演什么角色 // 093
2. 怎么估算你的三大营养素摄入量 // 100
3. 近距离看看减脂的核心——热量 // 103
4. 为什么有的人多吃不胖 // 110
5. 你想不到的"负能量食物",水的食物热效应 // 115
6. 吃进去的饭什么时候变成脂肪?——"长肉时间表" // 117
7. 太忙,就不能实现减脂饮食了吗?也有办法 // 123
8. 正在减脂中,馋了怎么办 // 129
9. 能从1数到30,就能减脂的简单技巧 // 133
10. 女性减脂专用——简单好操作的XS减脂法 // 136

第四章
女性减脂的底层逻辑——运动篇

1. 什么运动消耗糖,什么运动消耗脂肪 // 147
2. 你被运动后排酸骗了多久 // 154
3. 怎么"合理偷懒"不会影响运动减脂效果 // 158

4. 哪种运动最减脂 // 162

5. 女性做力量训练会变粗壮吗 // 171

6. 运动减脂能长期有效吗 // 176

第五章
越来越美——东方女性增肌塑形策略和方法

1. 增肌塑形，需要个性化的设计 // 189

2. 肩分三部分，应该怎么有选择地训练 // 192

3. 练肩不增大斜方肌 // 197

4. 怎么避免胳膊越练越粗 // 200

5. 增肌训练可以丰胸吗 // 202

6. 背部训练选哪些动作 // 207

7. 练腹肌会让腰变粗吗 // 210

8. 怎么练才能细腿和翘臀 // 211

9. 减脂塑形运动训练组数及其组间休息的选择 // 217

第六章
女性变美，到处都是坑

1. 最火的抗糖，是真实还是欺骗 // 221

2. 瑜伽环瘦腿靠谱吗 // 224

3. 揉一揉，扭一扭，脸形就能改变吗 // 230

4. 怎么练出直角肩、天鹅颈 // 235

5. 睡姿错了会毁容吗 // 239

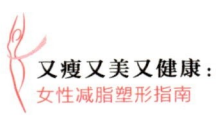

第七章
女性特殊时期怎么减脂

1. 出现低血压或低血糖怎么办 // 247
2. 月经紊乱的女性怎么减脂 // 249
3. 生理期特别好减脂吗 // 255
4. 备孕、怀孕女性如何减脂 // 257
5. 孕期怎么运动和活动 // 263
6. 哺乳期女性如何减脂 // 264

后记 这是一本写给"了不起的女性"的书 // 267

序　言

这本书前前后后打磨了很久，我希望能给女性减脂人群一本真正全面好用的减脂书。女性减脂太辛苦了。

我做营养学和运动科学的研究及科普很多年了，这期间也指导了大量的减脂者，其中多数是女性。给我的感觉是，女性减脂要比男性减脂复杂得多，也难一些。女性减脂，应该跟男性减脂区别开，甚至不同的女性在减脂的时候，也都应该有针对自己的差异化的设计。一句话，女性减脂是很个人化的事。

这就需要我们这些科普者和指导者，在关注减脂科学共性之外，应对女性的减脂有差异化设计。并且，对于减脂的科学原理，在讲解上也要更细致透彻，只有真的让女性在减脂的时候学懂、学透了减脂的科学原理，才能便于她们灵活运用，从而找到最适合自己的减脂方法。

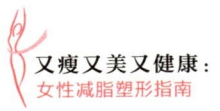

"好钢用在刀刃上",我不想浪费篇幅讲一些不太实用的内容,所以我在内容的编排上,尽量编选那些核心的减脂科学知识、实用的减脂塑身方法和技巧。或许大家在读第一遍的时候,会觉得有些内容太过专业,虽然讲得通俗,也能理解,但是会质疑其可操作性,即这些知识在减脂的时候真的能用到吗?

答案是,能!

减脂,说到底还是要靠科学知识的积累,胖瘦本来就是个科学问题。而减脂涉及的领域又是多方面的,如饮食的、运动的、心理的,所以,没有足够的知识积累,很容易在减脂过程中走偏。

减脂,就怕走弯路。"弯路"都是一部血泪史,不少女性深有体会。不仅减脂不成功,还可能把身体搞坏,让人的身材、容貌变丑。理想的减脂是一步到位的,是走到正确的、科学的路子上去。

在这本书里,我为各位读者梳理了一套系统的减脂方法,可以直接拿来用。并且,在这套方法的设计上,我尽可能让其简单易操作,兼顾到那些减脂条件差的女性,比如工作特别忙,整天要靠外卖和食堂解决三餐的女性。

话不多说，如果大家认真阅读这本书，一定会在减脂方面有很大收获。

最后，希望每位女性都能变得更健康、更智慧，也会更美、更好。

第一章

减脂，是高度个人化的课题

在本书的开始，我不讲太多复杂的原理，先来分析女性减脂和男性减脂到底该有多大差别。另外，我也讲讲不同情况的女性减脂该怎么区别对待，比如大基数女性和小基数女性，这两类相对特殊的女性人群在减脂时候的差别有哪些，应该注意什么。

总之，减脂是高度个性化的事，很难在一本书中把每一个人的减脂情况都涵盖其中，但是我们可以通过区分不同的人群，做出针对不同人群减脂的差异化方案，从而让更多有志于瘦身减脂的人受益。

差异化，是这本书的灵魂。

1. 火星和水星——男女在减脂中有什么不同

减脂,"她"和"他"不同,不同在哪些方面?首先,从科学角度讲,女性和男性的身体就大不一样,我简单举几个例子。

我们的人体构造从整体上来看是差不多的,但具体到女性和男性,从生理生化到运动适应等方面,有很大的差别。在人体成分上,男性和女性就很不一样,这是科学界很早以前就明确了的事。男性身体的肌肉率明显高于女性,肌肉的重量在总体重中占比更大。而且,男性的骨骼率也高于女性,在总体重当中占有更大比例。而在体脂率方面,女性明显高于男性。如图 01 所示:

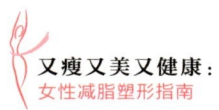

又瘦又美又健康：
女性减脂塑形指南

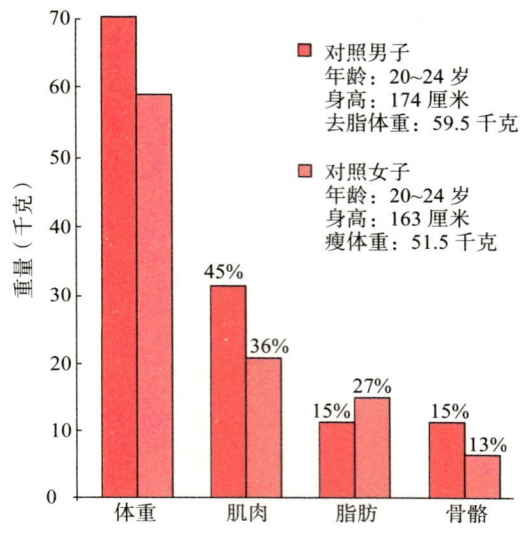

图 01　人体测量值上男性与女性身体上的差异

这些身体成分的差别决定了男性和女性的减脂目标不同，比如男性可以把体脂率降到很低也不会影响健康。这也决定了男性和女性减脂的策略是不一样的。男性的瘦体重比例更大，在基础代谢方面比女性具备一定的先天"优势"。瘦体重当中的肌肉（瘦体重是不能与肌肉画等号的）本身具有分泌功能，能够额外消耗人体大量热量。此外，肌肉量的大小对我们身体的代谢环境影响非常大，最终也会影响减脂的难易程度和效果。

第一章
减脂，是高度个人化的课题

即使单纯地就肌肉方面进行讨论，男性和女性也不完全一样。比如，男性的肌肉中往往 II 型肌纤维所占比例更大，女性则是 I 型肌纤维比例更大一些。I 型肌纤维叫作慢肌纤维，它的特点是肌纤维直径更小，能产生的力量也较小，但是耐疲劳性非常好。II 型肌纤维叫作快肌纤维，它的特点是肌纤维直径更大，能产生的力量也较大，但是耐疲劳性较差。这在一定程度上决定了男性和女性的运动能力有本质差别，而运动减脂的效果也有所差别。

我们还要熟悉一个"必需脂肪"的概念。什么叫必需脂肪呢？我们身体中储存的脂肪有两类，一类是储存脂肪。它的功能就是储存人体能量，供我们能量摄入不足的时候使用。我们身上所谓的肥肉，可以减去的部分，主要是储存脂肪。另一类是必需脂肪。它不仅仅用于储存人体能量，还有一些重要的生理功能。比如，女性要想拥有正常经期，能够正常排卵孕育胎儿，就需要有一定量的必需脂肪。

一般认为，女性身体当中约有 12%~15% 的脂肪为必需脂肪，男性则只有 3%。对于女性来说，将体脂率控制在 20%~30% 的区间是健康的，而这个体脂率对于男性来说就偏高了。因此，不建议女性减脂时追求过低的体脂率。现在很多女性减脂追求跟男

性的体脂率标准一样,想拥有清晰的腹肌,这可能造成女性体脂率过低,从而影响健康。

从代谢角度讲,人在运动的时候身体消耗的能量物质主要是脂肪、糖类和蛋白质,其中消耗蛋白质的比例很小,而脂肪和糖类的消耗比例,主要由运动强度和运动时长决定。在这方面,女性和男性也有差别,很大程度上决定了两者在运动时能量物质的消耗情况,从而影响减脂效果的最终差异。

男性和女性在营养素的需求方面也是不同的。比如,性成熟后的女性有规律的月经,周期性的失血会让女性流失大量的铁元素,所以女性是贫血的高发人群,男性则不是。减脂的时候,男性可以相对大刀阔斧地节制饮食,往往不太用考虑铁元素的摄入量,而女性则不行,女性要特别考虑铁元素的摄入量。一旦铁元素摄入量不足,减脂几个月,本来不贫血的也贫血了。即便人会瘦下来,但是皮肤发黄没有血色也不好看,更不要说贫血对健康也有很大影响。

所以女性减脂,既要考虑铁元素的摄入,还要让饮食热量不超标以确保有效减脂,这就需要我们有精细的设计。对育龄女性来说,规律的月经非常重要,如果月经不规律,性激素分泌可能就会出问题,这会进一步给身体带来方方面面的不良影响。绝经后的女性骨质疏松的发病率是同年龄段男性的很多倍，通常是因为绝经后女性的雌激素水平明显降低造成的。没有足够的雌激素的保护，骨密度也就会有明显的下降。

如果育龄女性用了错误的减脂方法，很可能导致月经紊乱甚至停经，这对骨骼健康也有很大影响。女性运动员当中，有所谓的"女运动员三联征"（能量可用性、月经功能、骨骼矿物质密度，三种相关特征异常），这在体操、跳水、花样滑冰等项目的女运动员身上比较常见。有些女运动员只有二十几岁，但骨密度已经是五六十岁女性的程度，这是很可怕的。

总之，女性减脂面临更多健康风险，更需要健康合理的差异化减脂方法。

尽管女性和男性在身体上还有非常多的差别（我在后文会逐步讲到），在减脂方法上也会有所差别，但我仍然强调，在减脂原则上没有本质的差别，其核心都是饮食控制和适当运动。不管男性还是女性，变胖的根本原因是热量的不平衡，当热量摄入明显超过热量消耗时，人就容易变胖。当然，现在有很多人声称人胖不是因为热量，这种说法是毫无根据的。

所以，大家不要以为，女性减脂需要一套完全不同的方法，不能和男性减脂一样。这是不必要的，那个差别只是在局部和细

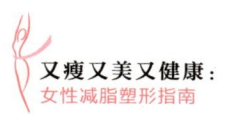

微之处。只不过在有些时候，细微的差别也会对人造成巨大的影响。

2. 减脂需要考虑心理、文化和审美的差异

减脂，"她"和"他"不同，还在于心理、文化和审美层面。

说到减脂，就不可避免要涉及一个话题——饮食障碍，也就是情绪性进食、神经性贪食等一些病征。通常来说，神经性贪食的患病率在女性和男性之间差异不是那么大，其他饮食障碍女性的发病率要远高于男性，这跟女性的心理特征是有关系的。这就要求我们这些专业的减脂指导师在指导女性减脂时，不能机械化地完全按照书本上要求的方式处理，要考虑减脂者的心理和情绪。

还有一些小基数人群减脂的情况比较复杂。我指导减脂很多年了，遇到的小基数减脂者绝大多数是女性，有些体重只有40多千克的女性仍然觉得自己胖，很想减脂，瘦不下来时就会很痛苦。事实上小基数的人减脂不但难度大，风险也大。因此，在减脂方法上要有比普通人群减脂更为复杂的设计。同时，小基数减

脂者里面，饮食障碍的比例明显更高，这也是减脂指导师在指导减脂时需要特殊考虑的地方。

减脂变美，离不开文化和审美。很多女性在减脂之后，或者在减脂当中，想要做一些增肌塑形的训练，让身材变得完美。但这方面，男性和女性的差异化普遍做得不好。现在也有一些所谓"女性健身""女性增肌"的书，实际上内容主要针对男性，很少有针对女性的特殊设计。

现在很多女性增肌塑形的目的只是想要让身材变得更紧致一些，带有一点活力的、运动式的审美倾向，并不想要大量增肌。当这些女性带着这样的目的去健身房找到私人教练训练时，她们发现有一部分健身私人教练往往不管来人的审美情趣及减脂目的，统统一刀切，会用大量增肌的训练方式指导减脂训练。

有很多女性读者跟我抱怨，健身房教练一上来就让大重量练腿，她们本来只是想紧致肌肉的，结果肌肉量也跟着明显增加。几个月下来，腿变得比以前更粗了，大腿前侧还往前鼓着，这让她们觉得很难看。真是苦吃了、钱花了，身材却变成了自己不喜欢的样子。

不仅仅是腿，其他身体部位也都是一样的，不管练哪儿，练出来好不好看，男性和女性、西方和东方的标准是不完全一样

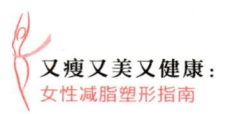

的，这是减脂指导师面对东方女性增肌塑形需要考虑的。如果再考虑得细致一点，就是每个人对身材美的要求是不一样的，我们需要考虑针对不同的人有不同的减脂塑形设计。只有把知识讲细致，把方法设计细致，减脂者才能根据自己的需要，调整健身、减脂的策略和方法，吃出、练出自己想要的身材。

我在后文会专门讲一下从东方女性审美的角度，应该怎么安排增肌塑形训练，把变美做出差异化。

3. 一个简单的体态问题，能给我们多少启发

我们在讲科学问题之前，先要讲点"伪科学"。

当然不是我真的要传播伪科学，而是在讲真科学之前，我希望大家能认识到，目前市面上一些"深入人心"的关于减脂和变美的观点，可能是伪科学。我以前曾经说过：**"关于健身，越是广为流传的越可能是错的。"** 因为，伪科学最大的特点就是投大众所好，说一些符合大众的思维习惯却有违科学实践的话，因为这更有利于传播，而真正经得起科学验证的真知识反而被覆盖，无法广为传播。

以脊柱侧弯为例，我讲一讲人的体态问题。

体态话题一直是流量之王，关注度非常高——尤其是女性。多数讲健身的人都会大讲特讲体态问题，想在这个话题上分一点流量。但我很少讲体态这一块，为什么？如果本着科学严谨的态度去讲这个话题，那就没有太多内容可讲。现在网络上有很多"告诉你几个简单动作，30天改善高低肩"之类的信息，可是很多人跟着练习之后，他们的体态问题真的解决了吗？答案很有可能是否定的。

脊柱侧弯很常见，而且很多的体态问题，比如高低肩、长短腿、骨盆侧倾、肋骨隆起、漏斗胸，甚至有一些头部和颈部的体态问题，都可能跟脊柱侧弯有关系。也就是说，我们平时觉得自己的许多体态问题，不管是躯干的还是下肢的，甚至是足踝部的，其根源很可能出在脊柱侧弯上。脊柱可以说是我们的"核心骨骼"，它跟我们全身主要骨骼都有一定的联系。

首先我们看看脊柱侧弯的成因，表01是国际脊柱侧凸（脊柱侧弯）研究学会（SRS）给出的脊柱侧弯的病因分类。

可知，脊柱侧弯比我们想的复杂得多，有那么多原因可能造成脊柱畸形，并且其中绝大多数是明显不能通过运动训练纠正的。当然，大多数的脊柱侧弯属于特发性的，也就是找不到明确

表01 基于SRS分类法的脊柱侧凸分类

特发性
- 婴儿期（0~3岁）
  - 减退
  - 进行性
- 少年（4岁~发育期）
- 青少年（发育期-骨骺闭合）
- 成人（骨骺闭合后）

神经肌肉
- 神经疾病
  - 上运动神经元损伤
  - 脑性瘫痪
  - 脊髓性瘫痪
  - 共济失调
  - 腓骨肌萎缩性共济失调（橄榄体脑桥）
  - 脊髓空洞症
  - 脊髓损伤或脊髓肿瘤
  - 其他
  - 下运动神经元损伤
  - 脊髓灰质炎
  - 脊肌萎缩
  - 肌萎缩性侧索硬化症
  - 腓骨肌萎缩症
  - 脊髓脊膜突出
  - 家族性自主神经异常（Riley-Day）
  - 其他
- 肌病
  - 关节挛缩
  - 肌营养不良症
  - 杜氏肌营养不良

先天性
- 先天性脊柱侧凸
  - 形成失败
  - 楔形椎骨
  - 半椎体
  - 分离失败
  - 单侧融合
  - 双侧融合
  - 混合性
- 共济失调与神经管缺陷相关
  - 脊髓脊膜突出
  - 脑膜突出
  - 脊柱闭合不全
  - 其他

神经纤维瘤病

间质组织疾病
- 马凡氏
- 高胱氨酸尿
- 埃勒斯-当洛
- 成骨不全症
- 其他

外伤性
- 不伴有瘫痪的骨折和/脱位
- 放射治疗后
- 其他

肢带
- 面肩肱骨
- 先天性肌张力减退
- 肌强直性营养不良
- 其他

软组织挛缩
- 脓胸后
- 烧伤
- 其他

骨软骨营养不良
- 软骨发育不全
- 脊柱骨骺发育不良
- 畸形性侏儒
- 黏多糖病
- 其他

肿瘤
- 良性
- 恶性

风湿性疾病

代谢性
- 佝偻病
- 青少年骨质疏松症

腰骶部功能障碍相关
- 椎骨脱离
- 脊椎前移
- 其他

胸源性
- 胸廓成形术后
- 开胸术后
- 其他

癔病的

功能性
- 姿势性
- 下肢不等长
- 肌挛缩
- 其他

的原因，却能观察到脊柱在冠状面上是弯曲的。

特发性的脊柱侧弯，通过运动训练去矫正有没有效果呢？

目前学术界是有共识的，那就是特发性脊柱侧弯是不能通过运动训练矫正的。运动训练不仅不能解决侧弯问题，还不能阻止侧弯的发展。也就是说，我们身边有脊柱侧弯的人多数是这种特发性的，用运动矫正的方法无法解决问题。

现在大众最常见的错误做法是：发现自己有体态问题了，第一时间就是想着做几个训练动作纠正体态问题。不做任何诊断，不去医院、不拍片子，而是去健身房，甚至在网上找几个动作就开始盲目地练习。这也是因为网络上有大量的相关内容，把体态问题说得很简单。这类伪科学严重误导了大众的正常思维，让大家以为轻轻松松做几个动作就能矫正。

当然，有一小部分人的脊柱侧弯是能通过运动训练解决的，因为这部分人的脊柱侧弯属于功能性脊柱侧弯。简单来说，功能性脊柱侧弯，就是你的脊柱没有真的弯，只不过看起来身子是弯的。与其相对的，是结构性脊柱侧弯，就是说你的脊柱本来就是弯的。

那么，如何辨别你是不是功能性脊柱侧弯？功能性脊柱侧弯一般会有这么几种表现：

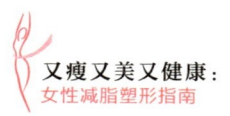

第一,站着的时候,看着身子有点歪,一般躺下就直了。

第二,做身体前屈实验时,结果是阴性。也就是说,有结构性脊柱侧弯的人把身体向前屈伸时,他们的后背是不平的,会一边高一边低。而有功能性脊柱侧弯的人,会跟正常人一样,后背没有凸出。如图 02 所示:

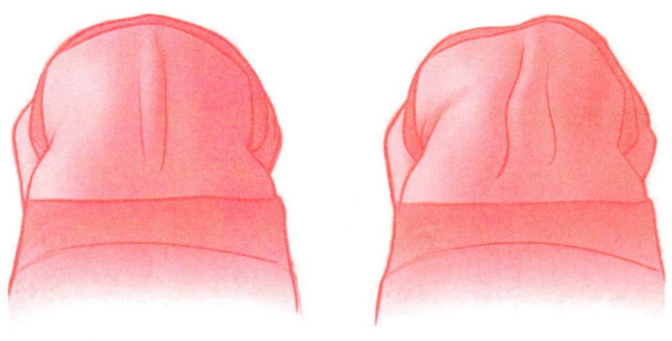

图02　功能性脊柱侧弯(左)和结构性脊柱侧弯(右)

第三,平时不注意的时候,有功能性脊柱侧弯的人的身子可能是歪的,当他有意识地想直过来时,也能直起来,也就是说他们能自己控制身体弯或不弯。这种功能性脊柱侧弯,通过运动训练纠正过来的可能性还是比较大的。

我不是让大家发现自己有脊柱侧弯时不去尝试运动训练的方式矫正,而是提醒大家应该先去医院诊断,明确自己属于什么类型的脊柱侧弯，是结构性的还是功能性的？如果是结构性脊柱侧弯，会是什么原因造成的？而且，脊柱侧弯的类型不一样，矫正的方式也会不同。如图 03 所示：

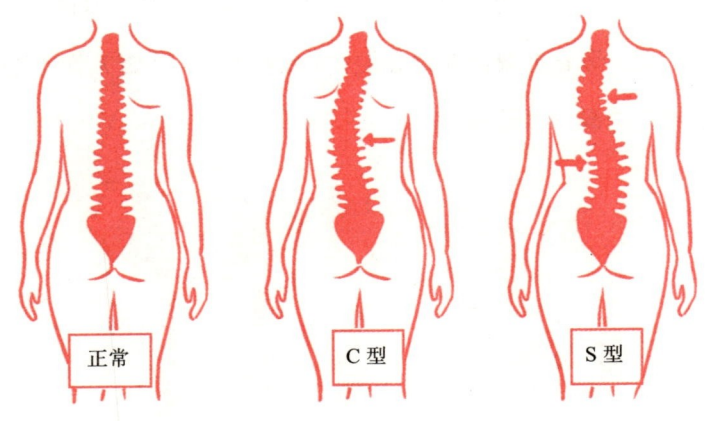

图 03　脊柱侧弯的不同类型

即便尝试用运动矫正，也要先拍片子诊断，知道自己的脊柱是怎么弯的，而不是认为脊柱侧弯只有一种，用一种方法纠正所有类型的脊柱侧弯问题，这不但不能矫正脊柱侧弯，甚至可能适得其反，让侧弯越来越严重。

一个脊柱侧弯已经这么复杂，远不像我们以前想得那么简单，可以想象大家身上其他方面的体态问题也是一样，往往也不会那么简单。

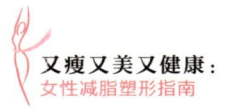

4. 不直的腿可以练直吗

腿型不直怎么办？X 型腿、O 型腿不是做几个动作就能矫正的。但是这类问题当中有不小比例是股骨颈干角本身的问题，也就是说，股骨近端弯折的角度太大或者太小，让膝关节过度向外翻或向内翻，如图 04 所示。

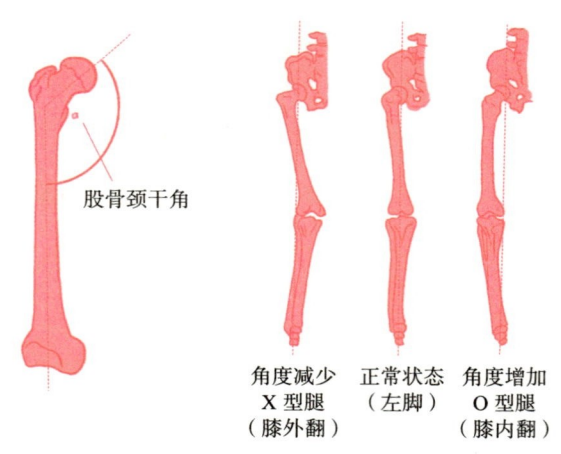

图 04 你的腿直吗

那么这种明显属于骨头本身形态的问题，运动训练是不可能起作用的。还有部分 X 型腿、O 型腿可能是因为胫骨本身就是弯的，这种骨骼形态本身就有问题的人群占比不算小，也是很难通过运动训练进行矫正的。真正能通过运动训练有效矫正 X 型腿、O 型腿的，只是其中一小部分人。

当然，有人可能觉得我说得不对，他们觉得自己跟着网上视频做了一些矫正动作之后，自己的腿变直了。这往往带有很多主观成分，存在心理暗示作用。因为矫正者做了矫正训练后，内心也是很希望有效的，所以很多时候往往是看着好像有点效果而已。

怎么才能确定真正有效呢？需要去拍片子用影像学的方法评价你的矫正训练到底有没有作用。比如膝关节的问题，我们正常的膝关节角度（见图 05）股骨远端和胫骨近端的夹角是 170~175

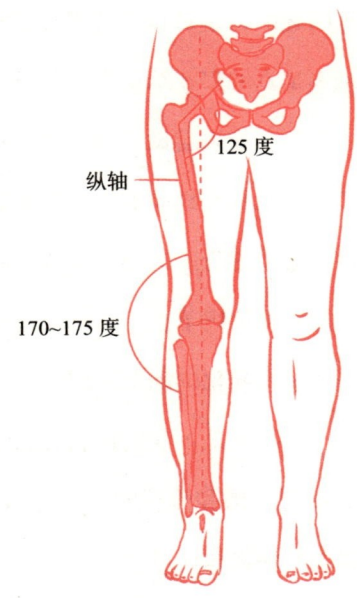

图 05　正常的膝关节角度

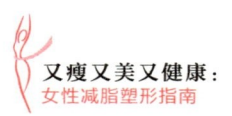

度。如果这个角度小于170度就是X型腿，大于175度就是O型腿。

如果你的膝关节有问题，应该先去拍个片子诊断，看看是不是有外翻或者内翻，角度是多少，这些都可以量化为客观的数据。如果你做了一段时间运动训练，这个角度真的改变了，甚至变正常了，这时候才可以说运动训练是有效的。

最后我总结一下。你如果有任何体态问题，千万不要稀里糊涂跟练网上找的训练动作，就认为能纠正体态问题，这种简单粗暴的做法肯定是有问题的，是对自己的不负责任。你应该先去医院做诊断，看看是不是真的存在结构性的问题，问题的原因是什么，医生建议怎么矫正。如果尝试运动训练矫正，你也要以诊断为基础，根据自己的情况找有经验的、正规的运动康复机构矫正，要很谨慎。不建议尝试健身房的矫正训练。网上那些一种方法纠正所有问题的言论就更荒唐了。

说来说去，都是一个差异化的问题。网络时代的好处是信息很多，我们不缺信息，但缺点是：我们接收到的绝大多数信息是迎合大多数人偏好、易于传播和流行的"流行信息"，这让我们获取的信息越来越缺乏差异化和针对性。

5. 大基数女性减脂的难处及应对措施

大基数女性和小基数女性这两类人群在减脂的策略和方法上，也有很大差别。

首先，大基数、小基数怎么定义？这个没有统一的标准，大家各有各的判断。有的女性可能体重超过 60 千克，就觉得自己是大基数了，其实这只能算中等基数。是不是大基数，跟个体的认知是有关系的。

我个人在做减脂指导时的操作习惯是：体重超过 90 千克，并且明显是体脂率较高引起的体重较大者，可以算大基数；体重在 55 千克以下的，一般算作小基数。注意，这是我个人使用的标准。想要准确地区分体重基数，还要结合一个人的身高、BMI（Body Mass Index，身体质量指数）等数据综合分析，但是从操作的简便性来说，可以仅用体重进行区分。

大基数减脂和小基数减脂，在本质上是一样的，没有特别大的区别，都是合理地制造热量缺口。只是具体到策略和方法上，大基数减脂和小基数减脂可能不一样，差别在细微之处。

那么，大基数减脂应该注意哪些问题呢？

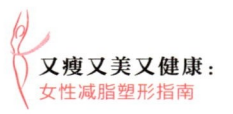

第一，大基数女性减脂不好保持。

在生理学上，大基数减脂瘦下来的难度不大，但是不好保持。所以，大基数减脂要在保持减脂效果方面特别注意下功夫。

我们都知道，人之所以胖是因为身体囤积了过多脂肪，而脂肪囤积在哪儿呢？主要在脂肪细胞里面。我们身体的每一个脂肪细胞，就是一个脂肪的小仓库，里面以甘油三酯形式囤积着大量脂肪。胖人脂肪细胞里的甘油三酯太多了，把脂肪细胞撑大了许多，也把身体撑胖了。也就是说，胖人的每一个脂肪细胞都比较大。

对于大基数的人来说，不仅仅是脂肪细胞大的问题，还可能有脂肪细胞多的问题。也就是说，如果你有点胖，但还不太胖，那么你的胖可能来自脂肪细胞的增大；如果你是大基数，人特别胖，那么你的脂肪细胞不仅仅大，还有可能多。我们可以理解为，仅仅脂肪细胞增大不足以容纳那么多脂肪。

传统的观点是，成年人脂肪细胞数量是固定的，不会增多了。但是特别胖的人是特例，他们的脂肪细胞往往在成年后还会增多，前脂肪细胞会发展出成熟的脂肪细胞。如果你的脂肪细胞数量较多，那么你在减脂后反弹的可能性也会相应增大。

如果你是大基数女性，那么有可能你的脂肪细胞数量会比较多，这种情况在减脂后保持体重的难度就会大一些。所以，大基数减脂首先要注意的问题是，能不能保持住减脂后的效果。因此选择减脂方法的时候就更要谨慎，一定不要选择极端的减脂方法，比如果蔬汁减脂方法，或者短期大量运动的减脂方法。因为这些方法都不可能持续使用，你不可能喝一辈子果蔬汁，也不可能长期保持那么大量的运动。此外，这类减脂方法对人很难有实质性的帮助，折腾一次，可能让你瘦下来了，但是停止使用这些方法后体重会很快反弹。

所以，大基数女性减脂，要尽可能采取饮食控制、适当运动双管齐下的方式。出于运动安全的考虑，可以先进行饮食控制，到减脂的中期增加运动。不管怎样，都建议你有适量运动，至少在减脂结束之前，尽可能培养规律的运动习惯。

良好的运动习惯，会让你更容易保持减脂效果，这也是学术界的普遍共识。但运动在减脂过程中是属于辅助性的，其作用有限，饮食控制才是核心。当然，适量运动会减少饮食控制的压力。

为了更好地保持减脂效果，大基数女性减脂后一定要注意，更密切地监控自己的身体数据，不是要整天称体重，而是要每隔3~4天测量一次腰围，这非常重要。如果腰围有明显增加，一定

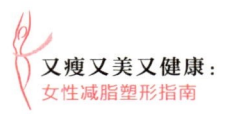

要及时减下去，守住减脂成果。减脂效果越来越巩固，保持减脂效果的难度就越来越低。

第二，在认知和环境层面的操作难度大。

从生理学的角度来看，大基数减脂者体重大，热量消耗就大，加上减脂空间大，会比较好减。但是，从认知和环境的角度来看，大基数减脂就没优势了。我指导减脂的人群中，那些减得特别好的往往是小基数减脂者，或者中等基数减脂者。

这里我要普及一个概念——体重设定点理论。简单地说，这种理论认为，每个人都有一个生理上的体重设定点，当你的体重超过这个点时，身体会让你减少体重；当你的体重低于这个点时，身体会让你增加体重。也就是身体始终让你的体重稳定在这个点上。但要注意的是，体重设定点只是一个理论，目前学术界还没有达成共识。在我看来，有一个比体重设定点更容易理解的概念——体重的认知设定点。

什么是体重的认知设定点呢？就是我们很可能在生理上并没有一个体重设定点，但我们会在心理上，或在认知上有一个体重设定点。我举个例子，有个女性最近美食吃得比较多，犯懒了没怎么运动，结果变胖了。有一天她一照镜子，或者一穿以前的衣服，发现自己胖了，就会赶紧减脂让体重再回到自己满意的程度。当她对自己的体重满意了，她可能又会放松一点，允许自己的体重上涨一点。她会始终把自己的体重控制在一个她认知上能接受的舒服的范围之内。说白了，体重的认知设定点就是一个人的心里对自己的身材和体重要达到的目标程度。

我们通过实践能够发现，那些体重比较稳定的人，往往是通过认知信号调控他们的饮食和运动，进而调节自己体重的。

我认为，想要更好地完善认知设定点这个概念，还应该加上环境。因为，环境对人体重的影响也很重要。比如，你这段时间工作特别忙，压力特别大，你就容易胖，不容易保持体重；如果你在一个美食特别多的环境里，也不容易保持体重；如果你身边有一群吃货朋友，或者你家里有饮食习惯很不健康的人，你保持体重的难度也会增大。

所以，有可能人自身的认知和环境共同作用，决定了一个人的胖瘦。而大基数的人，可能在认知或环境因素上，都处在一个不利于减脂的位置上。有部分大基数者，可能只受其中一方面的影响，而有部分大基数者，会受两方面的影响。总之，大基数的人会允许自己达到一个比较高的肥胖程度，他们要么在认知上对自己的胖瘦要求更乐观，要么处在更不利于减脂和保持身材的环境里。

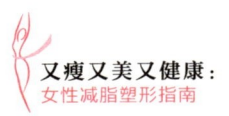

另外,大基数减脂者往往对自己减脂的执行力度会更宽容。我指导过很多大基数减脂者,起码我个人的经验总结是,大基数减脂者在评价自己减脂的努力程度方面比较乐观,容易高估自己的减脂执行程度。

我身边有很多这样鲜活的例子。曾经有一个大基数减脂者的减脂效果一直不是很理想,来向我咨询的时候一直强调,她减得已经非常努力了,可就是不瘦。但是,当我问她具体都做了哪些方面的努力时,她说自己晚饭之后都不吃夜宵了!我接着问她,在其他几顿饭里面,她有没有按照减脂要求饮食呢?她说那倒没有。

晚饭后不吃夜宵,对于她来说确实是一个进步,是付出了一定努力的,需要被肯定。但是想要减脂,仅仅做到这一点还是远远不够的。在这一个方面努力了,或者说非常努力了,不代表在整个减脂方面够努力了。她缺的恰恰就是努力。

所以,一个减脂者对自己的减脂努力程度认知不准确,高估了自己努力程度,减脂效果是不会好的。大基数者在减脂的时候,在获得一定的减脂效果之后更容易满足于现状,出现松懈情绪。我来总结一句大实话:能胖到一定程度的大基数者,是有其必然原因的。这些原因导致他们变得很胖,同时也成为他们瘦下来的阻力。

在这里要注意，我只是客观讨论减脂过程中会出现的问题，大家不要误解我歧视大基数者，认为大基数者不上进。因为我们要讨论大基数减脂，必然要讨论大基数减脂的难度在哪里。心理学研究也证实了这一点：肥胖人群，尤其是肥胖程度较高的人群，在认知和行为上会有更明显的偏差，更容易导致他们高热量摄入和减脂过程中努力不足。

大基数女性减脂应该怎么做呢？我们可能很难改变不利于减脂的环境。所以，大基数女性减脂，需要从自己的认知上下更多功夫。一定要注意，在执行方面严格要求自己，评价自己的执行程度时，要对自己"苛刻"一点。通俗地说，可以对自己狠一点。毕竟减脂是执行出来的，主观的努力程度直接关系到你的减脂效果。

如果大基数女性胖的时间比较长，不健康的饮食习惯可能也更顽固，这就需要她们付出更长时间的努力，或者更细致的努力和更多的耐心。一定记住，你胖的时间越长，瘦下去需要花费的时间必定也就越长。

第三，大基数女性运动减脂风险高。

大基数女性体重比较大，运动的风险会高一些。

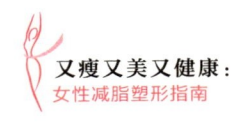

这方面详细讲会很复杂,我主要讲两点。一方面,如果大基数女性选择运动减脂,不太建议跑步,或者做剧烈跑跳的操。因为女性相对于男性,膝关节在运动中损伤的风险会更大,这跟女性膝关节的 Q 角有关。

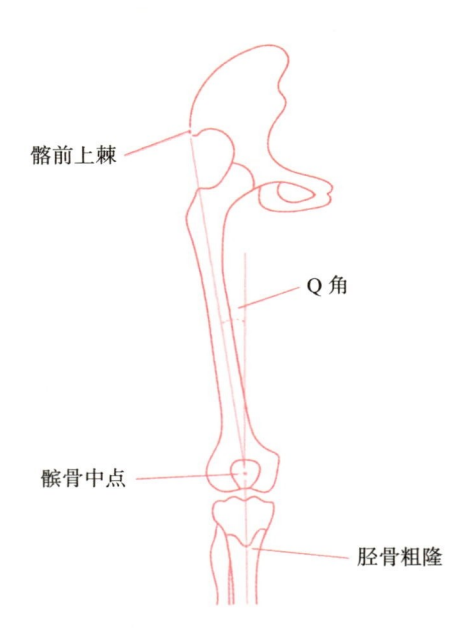

图 06　膝关节 Q 角

什么是 Q 角呢?我们看图 06,通俗地说,就是大腿骨和小腿骨之间对位形成的夹角。因为女性有更宽大的骨盆,大腿骨必然更倾斜,而 Q 角越大,运动时膝关节就越容易出问题。由于大基数女性体重比较高，运动时就更要小心膝关节出问题。

另外，大基数女性往往会有一些健康指标不好，我们知道肥胖是代谢问题的核心，人一胖，很多问题就都来了。比如，高血脂、高血压、高血糖、高尿酸等。

如果你有高血压，就要注意在力量训练时，尽可能减少等长收缩的比例，等长收缩会提高人的瞬时血压。也要注意尽量不要憋气，所谓的瓦式呼吸（憋住气发力）可能不适合你，或者只能短促使用。否则，可能会明显增高你的瞬时血压。

如果你是高尿酸的女性，尤其是有比较大痛风风险的时候，更要注意谨慎选择糖酵解供能为主的运动。也就是说，在你的运动中，力量训练、高强度运动的比例不要太大，持续时间不要太长，这不利于尿酸控制。

总之，有健康指标超标的大基数女性，减脂的时候就更要注意，防止运动时可能产生的健康风险。

6. 小基数女性减脂，需要特别注意什么

接下来跟大家聊聊小基数女性减脂，从科学角度需要注意什

么,小基数减脂存在哪些特殊之处?

我个人在做减脂指导时的操作习惯是:体重低于 55 千克的女性,都可以初步归入小基数人群。注意,只是初步归入小基数中。想要更准确地衡量,还要看身高,结合 BMI 值或体脂率。

但是,想要准确测量体脂率是很难的,我们可以实地观测对方,看看她的身上有没有明显多余的赘肉,钳卡一下皮褶。如果她的皮脂厚度不高,可以用大众标准把她归在"不胖的人"里,是可以算小基数的。注意,这仅是我个人使用的标准。

另外,有些人可能觉得,小基数女性本身体重小,人很瘦了就不应该减脂,为什么还要讲小基数女性减脂呢?

从健康角度讲,我也不提倡小基数减脂,尤其不建议体重低于健康区间(比如 BMI 低于 18.5)的女性继续减重。但好多事情不是我们想得那么简单。

首先,有不少小基数女性减脂是职业需要,比如影视演员、舞蹈演员、模特,这些人群我都指导过,她们不得不减。

其次,有的小基数女性,你可能觉得她们不胖,但她们很可能觉得自己很胖,并且因此很痛苦,那种痛苦通常是我们很难体会的,只有她们自己知道。所以我们要理解小基数女性的减脂行为,不要轻易评判她们,甚至嘲笑她们。小基数了还要减脂,一般都是很苦闷或有难言之隐的。

正确的减脂方法，会让小基数女性在减脂过程中，对饮食、对自己的身材有更健康的理解，有可能让她们与饮食和身材和解。对小基数减脂者来说，要尽可能多去了解小基数减脂的正确方法，避免使用错误的方法，从而付出更大的代价。我非常痛心地看到，有很多小基数女性为了继续减脂，会使用极端节食一类的错误方法。

第一，选择合适的方法很重要。

如果小基数女性减脂方法用错，相比普通基数者或者大基数者，更容易减出问题来。比较常见的问题就是饮食障碍，比如神经性厌食、神经性贪食等。就算没有达到疾病那么严重的程度，但是错误的减脂方法，也可能把自己的饮食习惯弄混乱了。比如，有些小基数女性减脂后，情绪性进食严重，不敢吃早饭、不敢吃晚饭、不敢正常吃碳水化合物，遇到外食就极度焦虑，多吃一口就很恐惧、很自责，在断食、暴食之间来回循环等。

主要原因就在于小基数女性减脂的空间有限，看起来不像大基数女性减脂那么明显，适当努力点就能瘦下来。为了追求明显的效果，有些小基数女性往往会用比较极端的方法减脂，比如巨量运动、吃减脂药、吃泻药、极端节食、断食，甚至催吐等。

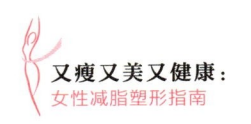

这些方法往往会让她们的体重快速降低，因为太过极端，所以不可能持续使用。并且，她们的体重往往在快速降低之后，也会快速反弹回来，而在反弹后她们又会使用极端的方法减重。体重就这样来回剧烈波动，情绪也会跟着剧烈波动。这种波动又会让她们失去饮食控制，焦虑、抑郁往往也会随之而来，最终有可能演变成进食障碍。

以下这些饮食障碍的警告信号，在我指导的小基数女性身上经常会看到。那些症状比较严重的，几乎条条命中；不太严重的，会有其中的几点症状。

- 剧烈地减肥或增重
- 过于关注食物、卡路里、体形和体重
- 穿着宽松或叠层的衣服
- 坚持不懈地过度运动
- 情绪波动
- 避免参与跟食品有关的社交活动
- 限制进食
- 餐后立即进入洗手间（引吐）
- 情绪抑郁

第一章
减脂，是高度个人化的课题

- 严格节食，然后暴饮暴食
- 对某人身体的批评增加
- 有暴饮暴食的证据（大量食物消失不见）
- 有摄入食物的秘密行为
- 感觉对食物失去控制
- 对自己身体形象非常不满，有扭曲性看法
- 完美主义

  我在这里还是要强调，人的进食障碍往往跟错误的减脂方法有关，但这只是诱因。形成进食障碍的主要原因还是基因、环境、心理等方面的问题。不是所有用错误方法减脂的人，都会出现进食障碍。尽管如此，我们也要尽可能地避免用错误的减脂方法减脂，尤其是小基数的女性，更要多加注意。

  那么小基数女性不要选择哪些减脂方法呢？在我看来，任何极端的饮食或者运动的方法都不要选择！减脂药就更不用说了，任何减脂药，都不建议使用。市场上总有一些所谓的减脂新药，很有可能是商家以"新"字进行营销的手段。其实绝大多数不算有真的创新和突破，只不过把原有的东西，变了一点小的花样。

  还有断食，尤其那些比较极端的断食方法，也不建议小基数

的女性使用。一般来说,断食时间超过 24 小时,对她们来说都属于极端断食。

再就是生酮饮食,也不推荐小基数的女性使用。生酮饮食极端的地方在于它限制了饮食大类,会造成使用者营养不均衡。小基数女性的饮食摄入量本来就少,减脂后的饮食摄入还会相应减少,如果再限制她们对饮食大类的选用,势必导致她们营养摄入不足,这样的减脂没什么意义。

类似的果蔬汁减脂法也有同样的问题,这也是通过限制饮食大类进行减脂的方法。限制只能食用一类或者几类食物的饮食减脂方法,都属于极端饮食。喝果蔬汁,瘦得当然会很快,因为热量摄入明显少了,但是你能喝一辈子果蔬汁吗?在果蔬汁减脂结束恢复自由饮食之后,你当然会胖回去,甚至会比之前更胖。

也不建议使用极低热量饮食、极大运动量的方法,这些方法同样比较极端。不少女性都有越减越肥的体会。短期内想瘦是很容易的,任何人都会,只要吃得足够少,你对自己足够狠,都能瘦下来。但瘦下来保持不住的,就不能叫作"有效的减脂";瘦下来把自己身体搞坏的,更不能叫作"有效的减脂"。很多极端的方法不是不能让你瘦,而是让你瘦了又胖,胖了又瘦,最终会把你的体脂率恢复到原点，但是在这个过程中你的心理、身体都有可能被折腾坏了。

总之，让体重剧烈降低，瘦得特别快的方法，还有那些让你使用起来特别难，过程中感觉度日如年，天天盼着减脂结束的方法，往往都不是好的方法。尤其对于小基数女性来说，更不建议使用。

有些人会想，减脂不都是很痛苦的吗？什么减脂不是度日如年，盼着结束呢？有的，只是你还没找对方法。我会在后文相关章节中介绍一种我原创的减脂方法——"XS 减脂法"，这种方法能让你的减脂过程不再痛苦，瘦下来后也是完全可以保持住的。

第二，手段要精准、细致、系统。

小基数减脂的手段要精准、细致、系统。具体该怎么减呢？从策略上建议小基数女性，选择减重速度不超过 1 千克 / 周的减脂方法，饮食要全面多样化，不限制任何一种饮食大类，以确保营养均衡。同时，不使用断食类的饮食减脂方法，也不使用超过 7 小时 / 周的运动减脂方法。注意，在这里我所说的不超过 1 千克 / 周的减重速度，指的是平均减重速度。就是把你在一个月减重的总数，平均到这一个月的每周当中。

最好一天三顿饭，尽量有加餐，可以采用少食多餐的饮食方法。平均1小时/天的运动量基本就是小基数女性减脂的上限了，不建议有明显超过这个量的运动。否则，不仅仅是难以坚持的问题，还会引起人体能量不足，影响身体的健康。

小基数女性减脂的方法一定要系统。在减脂领域的某些减脂伪科学，往往把肥胖归结为一个单纯的原因，然后很自然地告诉你，只要在减脂时做对一件事就好了。比如：不吃碳水化合物就能瘦、不吃肉就能瘦，或者每天坚持30分钟的训练，一个月就能瘦5千克。这种方式完全迎合大众的思维习惯，所以比较吸引眼球。

这倒不是说每天运动30分钟，或者晚上不吃饭，绝对不能让人瘦下来，至少对于小基数减脂是远远不够的。小基数减脂的方法必须是一个系统或一个体系。

这个系统会体现在三个方面：

首先，从大的方面来看，要饮食、运动、活动、心理四条腿走路。当然，饮食才是核心。运动对于减脂有辅助作用，会分担饮食控制的压力，也能在减脂期间提升身体的健康程度，更有助于保持减脂后的效果，甚至可以改善饮食紊乱。

所以尽量在减脂期间安排一些运动。如果条件不允许，也应

第一章
减脂，是高度个人化的课题

在减脂的后半段加入适量运动，最终养成并保持一个规律的运动习惯。也要重视日常活动，注意培养自己经常活动的习惯，少坐多站、少站多走，避免久坐产生健康问题。

在减脂过程中，心理配合也很重要。正念也好，心理放松疗法也好，都对减脂有好处，可以利用起来。在心理方面包括减脂的认知疗法和行为疗法。

还有建立良好的人际关系、减压减负、培养良性的兴趣爱好等，都对减脂有很大的帮助。

当然，我以上说的几个方面并不是要求小基数女性从第一天减脂开始，全部都要做起来，而是要以饮食控制为核心，逐渐地把其他方面结合进来，最终形成系统的合力。不要着眼在局部，只想用一种方法解决减脂中的所有问题。

其次，饮食也要成系统。大家别以为减脂饮食，就是某份具体的食谱，绝不仅仅那么简单。

一份具体的食谱往往是死的，比如，所谓的明星减脂食谱：早饭一个鸡蛋、一份凉拌芹菜；午饭两根黄瓜、一个红薯；晚饭一杯黑咖啡。这种食谱就是死的食谱，没有可供参考的使用价值。这种需要硬靠挨饿让人体热量摄入变得极低的减脂食谱的可食用食物过于单一，既违背了饮食多样化、营养均衡的原则，更

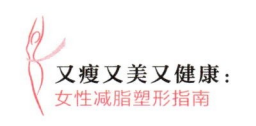

缺乏差异化设计。

你能吃一辈子芹菜和黄瓜吗？不想吃了怎么办？营养不足不能继续吃了怎么办？这种食谱用几天还行，食用超过一星期就不行了。要知道怎么尽可能多样化地选择适合自己减脂需要吃的东西，必须掌握一份"食物库"，而合理的减脂食谱，应该只规定食物大类，不具体某种食物。比如，在你的食物库里，蔬菜有 20 种，肉类有 10 种，水果有 20 种等，你就可以搭配出很多不同的食谱，口味上的多样化不仅让你长期吃起来不会腻，还保证了营养均衡、全面。你的这份减脂食谱应该这样写：早餐吃多少蛋、多少奶、多少主食等，午餐吃多少蔬菜、多少主食、多少肉，晚餐吃……然后去你的食物库里挑选。

减脂饮食不仅仅是吃什么、吃多少，还要注意怎么吃，这是进食行为的问题。这一点，请参考后文我独创的"XS 减脂法"，我为大家精心设计了一份"减脂食物库"，并附有吃多少怎么吃的分析。

最后，运动减脂也要成系统，建议有氧、力量都要兼顾，尤其是力量训练，对小基数女性来说很重要。因为小基数减脂有一个缺点，就是降低本来就低的体重，会让骨骼承受的压力更小，不可避免引起一定程度骨质丢失。

第三，用特殊方法衡量减脂效果。

衡量小基数的减脂效果，有一套特殊的方法：

首先，对于小基数女性来说，有一个好消息，就是小基数女性减脂看着难实际简单。这是我指导减脂的一手经验，在每一期减脂训练营中减得好的人中，一般都是小基数减脂者。虽然是个人经验，由于我指导减脂者的数量很大，所以，其可信度还是很高的。我曾在某期减脂班中专门统计了减脂第一个月大基数同学和小基数同学的减脂成绩。小基数同学平均每周减掉自己体重的3.1%，大基数同学只减掉自己体重的2.3%。

以具体的体重举例子，假设一个体重48千克的女性，平均每周减掉1.5千克体重，而一个65千克的女性平均每周也减掉1.5千克体重。单纯从减掉的数字来看，好像是一样的，但相对于两个人的体重来说，前者减脂效果肯定会更好。不过要强调的是，这里我只是为了单纯对比减脂效果，绝对不提倡追求减脂速度，尤其是小基数女性。48千克、65千克，也是我为举例子方便而列举的数字。其实65千克还不算是大基数女性，是可以算作中等基数女性人群的。

在那一期的减脂指导过程中，我执行得特别严格，让这期学员的减重速度稍快。之后我马上做了调整，放慢了速度。对于小

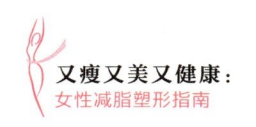

基数学员来说,平均每周减 1.5 千克体重的速度确实快了,大家不要参考这个速度减脂。

此外,我也绝不是说所有小基数学员减重效果都比大基数学员的好。只是从比例上来看,小基数通常都比大基数减得更好一些。在大基数学员当中,也有减脂成绩非常好的人。

为什么会这样呢?原因很复杂。从营养学和心理学的相关研究来看,人们评价自己的热量摄入时,很容易不准确,整体的趋势是:肥胖人群,容易低估热量摄入,也就是他们总觉得自己吃得少,其实吃得多。肥胖程度越高的人越容易这样,这很可能也是他们肥胖程度高的原因之一。反过来,瘦人容易高估自己热量的摄入,他们总觉得吃得多,其实吃得少。

总而言之,大基数者会明显低估自己的热量摄入,而小基数者很容易高估自己的热量摄入,他们通常稍微多吃一点,就觉得"完了,我吃了这么多!"我们在生活中经常能遇到这种现象,越是瘦人越爱说自己吃得多,吃了一块蛋糕就有可能觉得自己暴食了。

小基数女性容易高估热量摄入,虽然有它的坏处,但对减脂是有帮助的。除此之外,她们也容易觉得自己努力得不够,通常会低估自己的努力程度。她们总觉得自己怎么努力都没到位,自然会更加努力，减脂的成绩也就更好。

总的来说，至少就我指导减脂的经验来看，小基数女性的减脂效果一般都不错。尽管她们减脂比较难，但有先天优势，只要方法用对，会有不错的减脂效果。只是在衡量减脂效果方面，小基数女性还要注意下面这几点：

首先，小基数女性要慢慢积累成绩，在心态上不要受到短期没成绩的负面影响。

小基数女性本身体重基数小，体脂率偏低，就不可能在短期内有非常大的变化。否则，人的身体也会出问题，影响健康。千万不要一看到自己都减重好几天了，没掉体重没减少围度，就很受打击，感觉崩溃，认为减脂失败了。小基数女性减脂需要更长时间，才能有明显的测得出来的减脂数据变化，一定要有耐心。

千万不要每天称体重，7~10天称一次体重，测量一下围度就可以了。如果在7~10天之中某处的围度减少了1厘米左右，就是理想的成绩了。

其次，小基数女性减脂，体重不容易反映脂肪的增减，主要看围度。

小基数女性体重的基数小，减脂的绝对值就比较小，比如，

可能就需要减掉两三千克的多余脂肪，一周减去0.5千克体重的变化量确实显得较小，并且这个变化量很容易受各种因素的干扰。不管是生理期的原因，还是饮食钠元素摄入量大小的不同，或是身体水分的增减，都有可能把减脂中减去的体重抵消，也就很难仅从体重上看出减脂效果。所以，小基数减脂，要多看围度的变化，而且要有全面测量围度的意识，四肢、胸、腰、臀等都要测量，越全面越好。如果某个局部的围度被干扰，你还能通过其他围度看出自己的变化。

最后，用照片对比和衣服的松紧程度配合衡量减脂效果。

小基数女性围度测量容易测不准，这是因为小基数女性本身体脂率不高，身体的围度会小，每次的变化量当然也会比较小，毕竟人工测量本身容易产生一定的误差。很容易出现小基数女性减了脂肪，却测不出来的情况。因此，小基数女性减脂，要对比更长时间的数据变化，也要多用目测和衣服松紧程度衡量的方法。

其实大基数女性减脂，围度也容易测不准。主要因为大基数女性皮下脂肪比较厚且松软，人工测量围度时，手法上的松紧程度特别容易造成误差。尤其测量大基数女性腰围的时候，更容易不准确。人的腰围分成两部分，一部分由内脏脂肪组成，另一部分由腰腹部皮下脂肪组成。减脂的时候,相对腰腹部皮下脂肪,内脏脂肪减得会快一些。所以,大基数女性减脂的前期,通常肚子会先松软、下垂,这是因为内脏脂肪减少,使得她们腰腹内部的支撑力减小。

内脏脂肪减少是好现象,但是测量腰围的时候可能吃亏,因为腰腹部皮下脂肪下垂,肚脐位置下垂会影响肚脐围度测量的准确性,甚至有时候测量出来的围度有可能大于减脂前的数据。

所以大基数女性也要尽可能多处测量身体围度,综合判断自己的身材变化:多看镜子里自己的变化,多拍照观察自己的变化,并结合衣服的宽松程度衡量身体变化。

第四,要合理调适心态。

我对小基数女性减脂的第四方面建议,就是在心态上的。小基数女性更容易对自己的身材产生焦虑,如果减脂效果不理想通常会影响情绪。但是减脂的时候,有正向的情绪是很重要的,负面情绪很容易导致减脂全盘失败。

我在指导减脂时会特别重视这一点,引导大家建立正向的认知和情绪,一般来说,他们越减越淡定,越减越不焦虑。以前,他们偶尔吃了不该吃的东西,会产生焦虑,怕自己胖回去,怕减脂失败。跟着我减脂一段时间之后,再遇到这种情况,他们就很

淡定了。偶尔没执行好时，他们也能坦然面对。记住，焦虑不但对减脂没有帮助，反而会把减脂过程弄得更糟。

多数小基数女性，都有不同程度的情绪性进食、暴食，甚至严重的还有催吐的问题。她们在吃东西方面很容易产生焦虑，不敢吃、怕外食、怕应酬等。其实这些饮食上的问题，可能比她们对自己的身材不满意影响更大，更能折磨小基数女性。

所以小基数女性减脂的时候，要树立一个正向的认识——减脂不仅仅为了瘦，还为了更加健康的饮食和生活。看得更远、更全面会让你减脂更淡定，获得更多的成就感，有更好的正向反馈，最终有更好的减脂成绩。

第二章

最火的减脂法大测评

近几十年来，减脂慢慢成了一个很重要的话题。每隔一段时间，就会有一些减脂方法流行，甚至达到家喻户晓的程度，很多人也会跟着用。

但是这些人真的瘦了吗？为什么在减脂方法铺天盖地的今天，胖人越来越多，这是不是能说明一些问题？

在这一章中，我会帮大家详细分析目前市面上最流行的三种减脂方法，即：素食减脂、生酮饮食、轻断食减脂。看看这些减脂方法究竟是"流量明星"，还是有真材实料的减脂真谛。

1. 素食减脂不靠谱

素食减脂是现在特别流行的减脂方法之一。这种方法玄乎的地方在于，不用考虑减脂与否，仅仅吃素就让使用者觉得自己很时髦了。

就减脂效果来说，素食其实不一定能减脂。这很简单，一种饮食模式能不能减脂，核心还是要看热量摄入程度。只要热量摄入超标，什么饮食都不能减脂。

素食者的热量摄入，确实容易低一些。这是因为素食者可选择的食物种类要比杂食者少很多。很多东西不能吃，这就在一定程度上限制了饮食的口味。口味相对单一的饮食是很难让我们胃

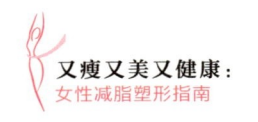

口大开，也就不容易让人吃得多。

另外，很多动物性食物的热量比较高，主要是肉类、奶酪等。素食者不吃这些东西（有些素食者会吃奶制品），也在一定程度上避免摄入此类高热量食物。

但是，素食不能保证一定可以降低热量摄入。人们为了把素食做得很好吃，会添加一些热量高的东西，比如植物油。如果油放得很多，一道菜的热量照样可以非常高。要知道，植物油是食物中热量最高的调味品，它的水分含量很少。就算是肥肉里也会有一定量的水分，其热量不如植物油高。

有的素食者吃坚果，但是坚果也是热量含量非常高的一类食物。对于蛋奶素食者来说，如果蛋奶类的食物都能吃，也就意味着很多甜品和大多数零食都能吃，这也是过剩热量的一个重要来源。

一些极端的素食者，比如果素者或生素者，他们对吃的食物限制非常严格，热量摄入也因此被限制了，通常有不错的减脂效果。但这是非常不健康的行为，即便有好的减脂效果，我个人也不建议使用。

如果不做精准的搭配和严格的限制，就算极端限制饮食热量的摄入，仅仅采用素食减脂，也是不能保障减脂效果的。说白了，素食减脂还是太粗放了。从科学研究的角度来看，目前没有足够多的证据说明素食有明确的减脂效果。

2. 素食一定对健康有利吗

素食不见得能减脂，那么素食健康吗？这可能也是你很关注的话题。如果素食很健康，那么不管能不能减脂，也是可以采纳的，起码它能促进身体健康。

你是怎么知道素食减脂的呢？通常有两种了解素食的方法：第一种方法，是在通俗读物、网络媒体中看到或听到个人经验，以及身边的人的现身说法。第二种方法，是通过学术渠道了解素食的，比如：《食物与健康——科学证据共识》《中国营养科学全书》《循证医学》《中国居民膳食指南》等权威营养学工具书或指南。

我想，绝大多数人是通过第一种方法了解素食的。只要我们理性地思考一下，就会发现通过第二种方法了解素食才是真正客观科学的。这一方法综合大量的营养学研究，参考权威营养学机构的建议，从科学严谨的立场来分析素食，素食有优点，也有缺点。

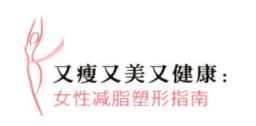

我先说说素食的优点。素食在降低一些慢性病的发病风险方面是有好处的。作为现代人，如果吃太多动物性食物，就应该借鉴阶段性素食这种膳食模式，对促进健康会有帮助。

这是因为：

第一，素食者的饱和脂肪摄入相对肉食者或杂食者来说，一般会更低，因为饱和脂肪主要存于动物性食物当中。

第二，素食者的脂肪摄入总量有可能低一些。比如，我们吃肉时很容易吃到很多高脂肪的肉类，素食模式减少了高脂肪食物摄入的一个来源。

第三，素食者的膳食纤维摄入量一般会更高。膳食纤维摄入不足，也是现代人饮食的一个问题。

第四，素食者的叶酸、维生素C、镁、植物化学物质、抗氧化剂的摄入量一般也较高，这对于缺乏这些营养素的人群来说，会有促进健康的作用。

第五，素食者的热量摄入容易低一些，这有助于人们身体健康。当然，素食并不能够保证热量摄入一定更低。

素食有一些健康优势，但绝不代表素食就是绝对健康的、唯一正确的饮食模式。

很多关于素食的书，以及网上很多相关的公众号、视频，过度解读了素食有利于健康的研究，走了一个极端——素食是绝对的、唯一正确的饮食方式，同时把肉、蛋、奶妖魔化——吃肉、蛋、奶是错误的。显然，这就有问题了——认定一件事的做法有一定的好处，就说与其相反的做法绝对坏。

所以，怎么科学解读素食的健康优势很重要，我具体说几点要注意的地方：

第一，中国最新版，也是最权威的膳食指南——《中国居民膳食指南（2022）》不建议人们素食，并明确指出肉、蛋、奶都要吃。不仅仅是这一版膳食指南，之前的膳食指南也是建议人们要采用均衡的杂食饮食模式。世界上大多数膳食指南也都是这样建议的。

第二，关于素食的健康优势的研究，本身也有一定缺陷。因为在这些研究里面，观察性研究较多，干预性研究较少。但是，观察性研究只能提供事物的相关性，不能明确事物的因果关系。比如，目前关于素食有利于健康的研究，绝大多数是采用队列研究、横断面研究、病例–对照研究等观察性研究得出的结论，其方法主要是问卷调查、电话调查、饮食记录等，没有向受试者施加干预。这类倾向于只观察受试者的方法的论证能力、可信程度，明显低于干预性研究，比如随机对照实验。

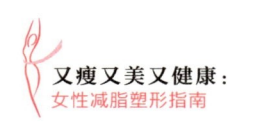

简单地说，这类研究是通过观察吃素食的人群和不吃素食的人群，并比较两群人哪群人慢性病的发病风险更低而得出结论。但是，一种慢性病的发病，往往是很多因素共同作用的结果。如果观察到素食者某种慢性病发病风险更低，你不能因此认为这一定是素食的作用，因为你没有控制其他相关的因素，没有干预这些被研究者。

这在医学科研中叫作"混杂"。也就是说，你观察到同时出现的两个事件，不代表这两个事件就有因果关系，有可能是其他因素混杂在里面起了关键的作用。素食也是一样，素食者某些慢性病发病风险低，不能因此判断这一定是素食的功劳，很可能是其他因素起了更重要的作用。或许是素食者更关注自己的健康，有其他一些良好的健康习惯，比如更注意运动、更少吸烟喝酒、会选择更好的居住环境、更少熬夜，也能更好地处理压力等。

相关性不代表因果关系，这在科学研究中是非常重要的一点。比如，在很多科学思维方面的书里经常提到的冰激凌跟溺水的关系的例子。

如果去观察，你会发现在很多地方冰激凌的消费量跟溺水事件的发生是正相关的。在一年之中，冰激凌消费量最高的时间里，溺水的发生率往往也是最高的，但你能说人溺水是因为吃冰激凌吗？真正的原因是，冰激凌消费量高的时间段往往是天气比较热的时间段，很多人会去游泳，溺水的发生率也就升高了。

第三，素食也分很多种，不能笼统地说素食都有同样的健康优势。

素食分很多种：有生素，就是只吃新鲜的没有烹饪过的水果、蔬菜、坚果等植物性食物；有纯素，也就是肉蛋奶都不吃；有蛋奶素，就是不吃肉，可以吃蛋奶；有鱼素，可以吃鱼类，但别的肉都不吃；有半素，就是可以偶尔吃些红肉和禽类肉；等等。民间还有更多的素食小流派。

素食流派不同，饮食方法也有所不同，对健康的影响当然也会不同。比如半素就比较温和，而生素就太极端。所以，我们不能笼统地评价素食的健康与否。

总体来说，素食可能有一些健康功效，我们不妨初步肯定它的优势。但是一定注意，这不能成为它绝对好、唯一好的理由，更不能因此说吃肉蛋奶就不好。

目前营养学界很明确，最好的饮食还是杂食。我们人类本来就是杂食性高级动物，需要荤素合理搭配的杂食。一边倒向素食，或者一边倒向肉食，都是不对的。饮食减脂，我们不能走极端。

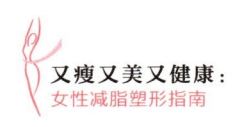

3. 素食对于身体的负面影响

素食最大的不足：它是一种不均衡、不全面的饮食，容易让人缺乏某些营养素。

权威的膳食指南很明确指出：动物性食物是我们应该吃的。素食让我们吃不到很多动物性食物里的营养，这对我们的健康可能不利，尤其对那些比较极端的素食者来说，影响会更大。

素食容易导致人体缺乏营养素，我根据不同的素食流派帮大家区分总结一下（见表02）。注意，不同素食流派，会让某些营养素缺乏，或者非常缺乏，但绝对不是一定缺乏。

表02　不同素食流派容易缺乏的营养素

素食流派	容易缺乏的营养素
果素、生素	蛋白质、维生素 D、维生素 B12、钙、铁、锌、n–3 脂肪酸
纯素	蛋白质、维生素 D、维生素 B12、钙、铁、锌、n–3 脂肪酸
蛋奶素	维生素 D、铁、n–3 脂肪酸

果素、生素饮食中的食物往往是水果、蔬菜、坚果、种子几大类食物。当然，不同流派的果素、生素也有一些区别，但没有特别严格的标准，它们都会让人饮食不均衡，也容易导致营养素缺乏。

第一,素食容易让人缺乏蛋白质。

注意,这里说的是容易缺乏,而不是必定缺乏。因为就算只吃果蔬、坚果和种子,要摄取足量的蛋白质也能做到。只不过在现实操作中,综合难度实在太大,这包括知识储备上的和实际执行上的。

杂食,只要不明显节食,吃够蛋白质还是很容易的,一般不需要特殊设计。有不少人觉得中国人普遍蛋白质摄入不足,其实从多次全国营养普查数据来看,蛋白质摄入不足的情况早就过去了。杂食,容易让人吃够蛋白质,主要贡献者是肉类。肉类食物的蛋白质密度非常高,《中国食物成分表》显示:瘦猪肉,生重每100克就有20.3克蛋白质;而做熟了之后,其单位重量蛋白质含量会更多。一个不运动、不减脂的普通人,每天吃二三两肉,并辅以蛋奶和其他食物,很容易吃够蛋白质。

但是水果类食物,比如苹果,每100克可食用部分只有0.4克蛋白质,榴莲的蛋白质含量在水果里算高的了,每100克也只有2.6克蛋白质,还是太少;多数蔬菜的蛋白质,每100克只有2~3克蛋白质。

植物性食物中,坚果、种子、豆类的蛋白质含量都不错,如果大量吃,倒是可以满足蛋白质的需要。但是一定要注意,

大量吃才行。对于不吃豆类更为极端的素食流派来说，就需要更加合理安排饮食搭配，才有可能吃够人体需要的蛋白质。

另外，植物性食物中的蛋白质生物学价值（简称生物价）普遍较低，蛋白质质量不高，这也是需要我们考虑的一个问题。想要通过多样化植物蛋白质搭配解决蛋白质需求，需要具备一定的营养学专业知识。有能力合理地设计饮食搭配，这对多数普通人来说具有一定难度。

倒是蛋奶素食人群，因为可以吃蛋和奶制品，想吃够蛋白质会相对简单很多，也就不那么容易缺乏蛋白质。

第二，素食者维生素和矿物质摄入情况。

在大众的认知里，往往有一个误区：虽然水果、蔬菜中蛋白质含量低，但维生素、矿物质的含量还可以。其实并不是这样。

从表 03-06[1] 可以看出，动物性食物是很多维生素、矿物质的重要来源，甚至有些维生素主要存在于动物性食物当中，而在素食里含量极少，比如维生素 D、维生素 B12。

---

[1] 表 03-06 摘自 2022 年台湾艺轩图书出版社翻译出版的《机能营养学前瞻》(*Carol Byrd-Bredbenner*, Jacqueline Berning, Danita Kelley, Jaclyn M.Abbot)，总结了各种维生素的主要食物来源。——编者注

表03 脂溶性维生素摘要表

维生素	功能	缺乏的症状	可能缺乏者	来源	RDA 或足够摄取量	中毒症状
维生素 A 既成维生素 A 和原维生素 A 类胡萝卜素	微光中的视力和彩色视觉，骨骼生长，免疫，细胞分化，眼睛、皮肤、角化症，免疫功能不足	生长迟滞、夜盲症、失明、皮肤干燥、眼睛、角化症、免疫功能不足	贫穷国家学龄前儿童，脂肪吸收不良者	既成维生素 A: 肝、强化牛奶、鱼肝油原维生素 A: 红橙、黄和深绿色蔬菜、柑橘类水果	女性: 700 毫克 RAE；男性: 900 毫克 RAE	头痛、呕吐、双重影像、黏膜干燥、骨骼和关节疼痛、肝脏受损、出血、昏迷、自然流产、先天缺陷；上限摄取量是 3000 微克的既成维生素 A
维生素 D 胆钙醇 D_3 和麦角钙醇 D_2	维持钙和磷浓度，免疫功能，调控细胞周期	儿童佝偻症、老人软骨症	深肤色者，日晒不足或摄取不足的老人，脂肪吸收不良者	添加维生素 D 的强化牛奶、鱼油	1~70 岁: 15 微克；70 岁以上: 20 微克	软组织钙化、生长迟缓、血钙过多、尿钙排泄过量；上限摄取量是 100 微克
维生素 E 生育醇和三烯生育醇	抗氧化，防止自由基的破坏作用	红血球溶血、感觉神经元退化	脂肪吸收不良者	植物油及其制品、种子、坚果	男性和女性均 15 毫克 α-生育醇	抑制维生素 K 的代谢；上限摄取量是 1000 毫克
维生素 K 维生素 K_1 和维生素 K_2	凝血因子和骨骼蛋白质的合成	因凝血不足而出血	长期服用抗生素者、绿色蔬菜吃太少的成人，脂肪吸收不良者	绿色蔬菜、肠道微生物合成	女性: 90 微克；男性: 120 微克	罕见，会导致溶血性贫血；没有上限摄取量

表04 水溶性维生素摘要表

维生素	功能	缺乏的征状	高风险者	膳食来源	RDA 或足够摄取量	毒性
硫氨	辅酶，参与碳水化合物代谢与释放能量的反应	脚气病；厌食、体重降低和虚弱神经病变；韦尼克-柯沙可夫症候群	酒精中毒者	猪肉及猪肉制品、富化谷类、全谷类、蛋、坚果、豆类	男性：1.2毫克/日；女性：1.1毫克/日	无
核黄素	辅酶，参与许多氧化还原反应，包括释放能量的反应	核黄素缺乏症；口腔与舌头发炎、嘴角裂开	服药引起副作用者、不吃乳制品的人	牛奶及乳制品、蘑菇、蛋、肝脏、富化谷类	男性：1.3毫克/日；女性：1.1毫克/日	无
烟碱素	辅酶，参与多能量代谢的氧化还原反应、以及脂肪酸的合成与分解	癞皮病；腹泻、皮肤炎和失智症（死亡）	酒精中毒者、以玉米为主食的人	肉类、禽肉、鱼、富化谷类和全谷类、色氨酸转变成烟碱素	男性：16毫克/日；女性：14毫克/日	皮肤泛红；避免皮肤泛红之成人的上限摄入量为35毫克/日（补充剂）
泛酸	辅酶，参与能量代谢与脂肪酸的合成	虚弱、疲倦、肌肉功能障碍、肠胃不适；相当罕见	无	广泛来自各种食物	成人的足够摄取量：5毫克/日	无
生物素	羟化酶的辅因子、氨基酸、参与脂肪酸和能量的代谢	皮肤炎、结膜炎、掉发、神经系统病变；相当罕见	有遗传缺陷的婴儿	坚果、种子、鱼和谷类	成人的足够摄取量：30微克/日	未知
维生素B6	辅酶，参与氨基酸代谢、血红质合成、脂肪代谢和同半胱氨酸代谢	皮肤炎、贫血、抽筋、忧郁、心智混乱	酒精中毒者、服药引起副作用者	动物蛋白、马铃薯、香蕉、豆类、酪梨	成人19-50岁：1.3毫克/日；男性超过50岁：1.7毫克/日。女性超过50岁：1.5毫克/日	食物不致引起中毒，补充剂过量会造成神经病变和皮肤受损；避免神经受损之上限摄取量为100毫克/日

056

（续表）

维生素	功能	缺乏的症状	高风险者	膳食来源	RDA 或足够摄取量	毒性
叶酸	辅酶，参与 DNA 合成和同半胱氨酸代谢	巨球性贫血、先天缺陷	酒精中毒者、孕妇、服药引起副作用者	绿色蔬菜、肝脏、富化谷类、豆类、柳橙	400 微克/日膳食叶酸当量	无；成人的合成叶酸上限摄取量为 1000 微克/日，不包括天然叶酸，不致掩盖维生素 B-12 的缺乏
维生素 B12	辅酶，参与叶酸代谢和同半胱氨酸代谢	巨球性贫血、感觉异常、恶性贫血	年长者、吃纯素者、吸收不良者	动物食品和强化即食早餐麦片	成人 19~50 岁：2.4 微克/日；51 岁以上成人建议食用强化食品或补充剂	无
维生素 C	胶原蛋白的合成、抗氧化能力、荷尔蒙与神经传导素的合成	坏血病；伤口不易愈合、点状出血、牙龈流血	酒精中毒者、少吃蔬果者、吸烟者	柑橘类水果、瓜、草莓、花椰菜、马铃薯、绿色蔬菜	男性：90 毫克/日；女性：75 毫克/日；吸烟者加 35 毫克/日	腹泻及其他肠胃不适；避免腹泻以上摄取量 2 克/日
胆素	乙酰胆碱和磷脂质的前质、参与同半胱氨酸代谢	脂肪肝、肌肉损伤	胆碱摄取少的老人	蛋、肉类、鱼、牛奶、小麦胚芽、加上人体合成	足够摄取量 男性：550 毫克/日；女性：425 毫克/日	避免鱼腥体味及低血压之上限摄取量为 3.5 克/日

表05 主要微量矿物质摘要

矿物质	主要功能	缺乏的症状	高风险者	成人RDA或足够摄取量	良好来源	中毒症状
铁	血红素与肌红素的功能基、免疫功能、认知发展、能量代谢	体力不足、免疫功能不足、贫血	婴儿、学龄前儿童、育龄妇女	男性：8毫克；女性：18毫克	肉类、海鲜、强化麦片、蛋	肠胃不适；上限摄取量为45毫克/日
锌	许多酶素的成分、免疫功能、生长发育、稳定细胞膜和人体蛋白质	皮肤炎、腹泻、食欲与味觉降低、感染、生长发育迟滞	素食者、年长者、酗酒者、营养不足的人	男性：11毫克；女性：8毫克	海鲜、肉类、全谷类	抑制铜吸收、腹泻、反胃、绞痛、免疫功能降低；上限摄取量为40毫克/日
铜	协助铁代谢、抗氧化酶素的功能基、参与结缔组织的功能	贫血、白血球计数偏低、生长迟滞	锌补充剂过量者	900微克	肝脏、可可、坚果、全谷类、豆荚	补充剂过量会导致呕吐、反胃、腹泻、神经系统与肝脏病变；上限摄取量为10毫克/日
锰	几种酶素的辅因子，参与碳水化合物代谢与抗氧化防卫	生长迟滞、骨骼异常	罕见	男性：2.3毫克；女性：1.8毫克	坚果、茶、豆荚、全谷类	神经系统病变；上限摄取量为11毫克/日
碘	调控基础代谢与生长发育的甲状腺素的成分	甲状腺肿、呆小症	土壤含碘极低又无强化食品地区之居民	150微克	碘化盐、海水鱼、乳制品	抑制甲状腺功能；上限摄取量为1.1毫克/日

（续表）

矿物质	主要功能	缺乏的症状	高风险者	成人 RDA 或足够摄取量	良好来源	中毒症状
硒	抗氧化系统的一部分，活化甲状腺素	克山病，甲状腺素减少	土壤含硒量极低的地区之居民	55 微克	肉类、蛋、鱼、海鲜、全谷类、坚果	反胃、呕吐、掉发、腹泻、指甲病变；上限摄取量为 400 微克/日
铬	促进胰岛素的作用	葡萄糖耐受不佳	罕见	男性：30-35 微克；女性：20-25 微克	蛋、肝脏、全谷类、加工肉品、坚果、蘑菇	膳食来源不会中毒；无上限摄取量
氟	增加牙齿珐琅质对蛀牙的抵抗力，骨骼与牙齿的矿化	有蛀牙的风险（并非真正的缺乏症）	水未加氟的地区	男性：4 毫克；女性：3 毫克	氟化水、牙膏、牙科治疗、茶、海藻	珐琅质氟中毒或斑齿；急性中毒可能致命；上限摄取量为 10 毫克/日
钼锌	几种酶素的辅因子	未知	罕见	45 微克	豆荚、谷类、坚果	实验动物生长迟滞；上限摄取量为 2 毫克/日

※ 通常归类为极微量矿物质，不过与极微量矿物质不同的是，它有 RDA。RDA，即推荐膳食供给量（Recommended Dietary Allowance，RDA），是指为满足人体基础所需的能量和特定膳食营养素参考摄入量。

表 06 巨量矿物质摘要

矿物质	主要功能	RDA 或足够摄取量	膳食来源	缺乏的症状	中毒症状
钠	细胞外液的主要阳离子，协助神经运动的传导与肌肉收缩，水分平衡，协助葡萄糖与氨基酸的吸收	19~50 岁：1500 毫克；51~70 岁：1300 毫克；70 岁以上：1200 毫克	盐，加工食品，佐料，调味酱，浓汤，洋芋片	肌肉抽筋，头痛，反胃，呕吐，疲乏	敏感的人会高血压，导致尿钙增加；上限摄取量：2300 毫克
钾	细胞内液的主要阳离子，协助神经运动的传导与肌肉收缩，水分平衡	4700 毫克	马铃薯，南瓜，香蕉，柳橙汁，牛奶及乳制品，肉类，豆荚，全谷类	心律不齐，失去胃口，肌肉抽筋，增加高血压与中风的风险	心跳缓慢（与肾衰竭类似）
氯	细胞外液的主要阴离子，参与胃酸的制造，协助神经运动的传导，水分平衡	2300 毫克	盐，蔬菜，加工食品	婴儿抽搐	与钠结合时敏感的人会高血压；上限摄取量：3600 毫克
钙	骨骼和牙齿结构，血液凝结，协助神经运动的传导，肌肉收缩，酵素调控	9-18 岁：1300 毫克；18 岁以上：1000~1200 毫克	牛奶与乳制品，罐头鱼，叶菜，豆腐，强化柳橙汁（和其他强化食品）	增加骨质疏松症的风险	敏感的人会肾结石；上限摄取量：2-3 克
磷	细胞内牙齿健康，和牙齿与代谢脂三磷嘌呤核苷二酸平衡的成分，碳水化合物的成分	9-18 岁：1250 毫克；18 岁以上：700 毫克	牛奶与乳制品，鱼，汽水，加工食品，面包，肉类	可能对骨骼有害	使肾衰竭的人若钙摄取不足会使骨骼矿化；上限摄取量：3~4 克
镁	骨骼健康，协助酵素作用，协助神经和心脏功能	男性：400~420 毫克；女性：310~320 毫克	麦麸，绿色蔬菜，坚果，巧克力，豆荚	虚弱，肌肉疼痛，心脏功能不良，抽搐	使肾衰竭的人腹泻、反胃和心神不宁；上限摄取量是 350 毫克的非膳食来源（例如补充剂）
硫	维生素和氨基酸的成分，协助药物解毒，参与酸碱平衡	无	蛋白质食品	目前没有	无

第二章
最火的减脂法大测评

因为篇幅的限制，我只重点说一下维生素 D、钙、铁三种营养素的情况。

当然，在晒干的香菇里也有维生素 D，但含量有限。而且，我们不可能每天通过干香菇去吃够人体需要的维生素 D，这不现实。

维生素 D 还有一个来源，是不用靠吃就有可能实现的，那就是晒太阳。特定波长的紫外线照射在人的皮肤上，是可以合成维生素 D 的。这让很多人觉得，只要晒晒太阳，就不会缺维生素 D，其实不是这样。想要通过晒太阳合成足量的维生素 D，需要有足够强度的紫外线、照射足够大面积的皮肤，以及照射足够长的时间。这三个条件缺一不可，都要满足。

整天在室内活动的人，是很难接收到足够强度的紫外线照射的，因为多数玻璃都可以阻挡能让我们皮肤合成维生素 D 的特定波长的紫外线。即使在户外，也要看你裸露在阳光下的皮肤面积够不够多，是不是用了防晒霜。最后，还需要你能够晒够时长。

所以，对于现代人来说，想通过阳光获得充足的维生素 D 其实并不容易，这需要天时、地利、人和。有些科普说，人只需要每周 2~3 次，每次晒十几分钟太阳就能补足维生素 D 了，这

061

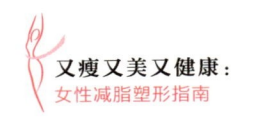

只是在理想的情况下，而实际情况往往不那么理想，会受到很多因素的干扰。

补充维生素 D 最好的食物就是高脂肪的海洋鱼类，但大多数素食者不吃这类东西。如果不吃补充剂，很容易致使素食者维生素 D 的摄入量不足。并且，补充剂只是权宜之计，是有一定健康风险的，不建议代替天然食物长期食用。

虽然素食能提供一定量的钙和铁，但是从素食中摄取的钙和铁，人体吸收率是非常不理想的。拿钙质来说，最理想的素食来源是奶类，这是大家都知道的。我们主要看铁的摄入情况。

素食当中也有铁，但是植物性食物当中的非血红素铁的吸收率，远低于肉类中的血红素铁。

另外，在素食者的饮食中，植酸、草酸、多酚摄入量比较多，这都会影响人体对铁的吸收，也包括钙等其他矿物质的吸收。

n-3 系列脂肪酸也存在于植物性食物当中，但营养学研究人员通过调查发现，在素食人群中 n-3 系列脂肪酸缺乏是比较普遍的现象。因为 n-3 脂肪酸不是一种，而是一类。植物性食物当中的 n-3，要在人体内起作用，就必须转化成只有动物性食物当中才有的 n-3，而这个转化率又比较低。如果不吃动物性食物，很容易造成 n-3 系列脂肪酸的摄入量不足。

总结起来，越是极端的素食方式，越容易导致人体维生素、矿物质等营养素的缺乏。在素食人群当中，蛋奶素者相对要好一些，但是他们也相对容易缺乏维生素 D、铁、n-3。如果缺乏这些营养素，人会怎么样呢？我给大家总结一下（见表 07）：

表 07　营养素不足对人的影响

营养素	成人营养素不足的主要影响
蛋白质	免疫力降低、肌肉丢失，以及对健康全面的不利影响
维生素 D	骨质软化症、骨质疏松，以及可能引起某些慢性病发病风险提高
维生素 B12	巨幼红细胞贫血、神经系统损害、高同型半胱氨酸血症，以及可能造成阿尔茨海默病、抑郁症发病风险提高，衰老和认知能力下降
钙	骨质疏松、骨折风险提高，以及可能造成多种慢性病发病风险提高
铁	贫血
锌	免疫力降低、性功能障碍、男性生育能力降低
n-3 系列脂肪酸	炎症水平提高，各种慢性病发病风险增加

注意，表 07 中列举的影响，都是针对成年人的。如果针对儿童和青少年，影响会多得多，一般也严重得多。

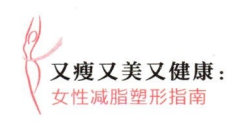

当然，如果饮食设计得好，配合膳食补充剂，除了非常极端的素食流派之外，多数素食流派能吃够上述营养素。不过这需要使用者具备足够的、全面的营养学知识，还要有大量的空闲时间和足够的金钱作为支撑。

现在很多推广素食的人，只说素食的好处，不提素食的坏处，不知道素食的种种问题，却盲目跟风。不否定合理素食可以让人变得健康，但是不合理素食带来的营养不均衡同样会造成很多健康问题，其可能性还不小。最好的办法是合理杂食，中国营养学会的中国膳食宝塔，为我们搭建了一种饮食结构（见图07）：

这种杂食结构，不用我们特别费心费力地做设计，只需在日常饮食的基础上，适当减少一些动物性食物，增加一些植物性食物，操作性强且简单。通过合理杂食解决现代人不健康的饮食，要比通过合理素食解决这个问题容易得多，其成本、风险也低得多。

素食只适合少数人，就是那些有全面的、科学的营养学知识，严谨的生活态度，同时有大量空闲时间可以支配，至少可以有充裕的时间自己做饭，且比较富裕的人。他们不但能细致、有

盐 <5 克
油 25~30 克

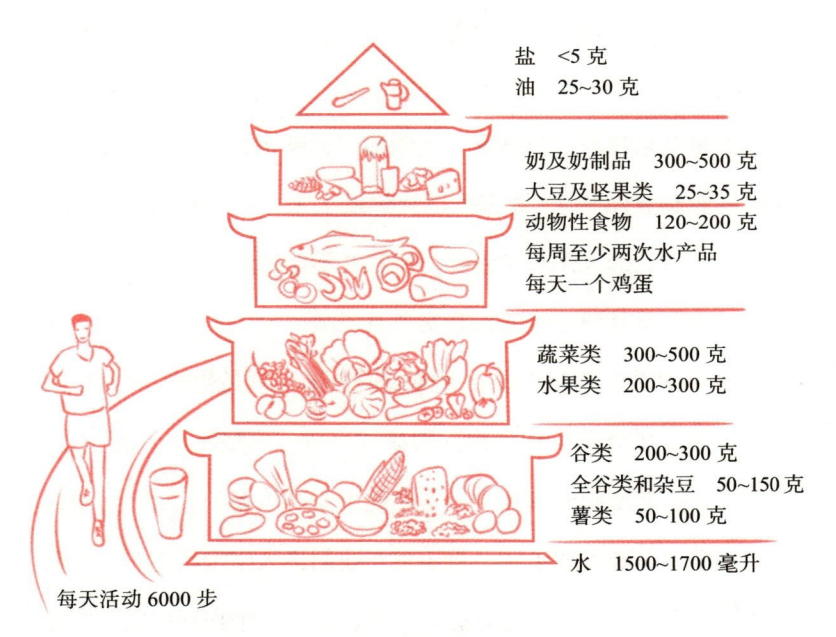

奶及奶制品 300~500 克
大豆及坚果类 25~35 克

动物性食物 120~200 克
每周至少两次水产品
每天一个鸡蛋

蔬菜类 300~500 克
水果类 200~300 克

谷类 200~300 克
全谷类和杂豆 50~150 克
薯类 50~100 克

水 1500~1700 毫升

每天活动 6000 步

图 07　中国居民平衡膳食宝塔（2022）

耐心地设计好素食搭配，还要有毅力执行好。

在各种素食流派中，越是极端的素食对人的影响越不好。如果你有充分的条件素食，也最好选择半素，或者选择蛋奶素。全素、果素、生素等饮食方式，还是太过极端。

儿童、孕产妇、老年人、免疫力低的人群、体质虚弱的人群，都不建议吃素食。

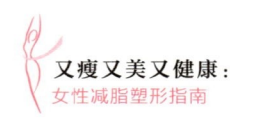

4. 生酮饮食能瘦，但不能减脂

如果严格执行生酮饮食（高脂肪、低碳水化合物、适量蛋白质的一种饮食结构），通常可以让你瘦下来，就这点而言，那些鼓吹生酮饮食的人倒是没说错，但它并不能减脂。

减脂不就是瘦下来吗？其实还真不是。

很多生酮饮食鼓吹者大肆向人们宣扬，开始生酮饮食之后，人体会从"燃烧碳水化合物"的模式变成"燃烧脂肪"的模式。其实人体在非运动的状态下，主要是由脂肪供能的，这一点早已是生理学界明确了的事实。只不过当我们进入生酮状态时，脂肪氧化的比例比非生酮状态时更大一些，只是一个程度问题，却被很多生酮饮食的鼓吹者说成是非黑即白的问题。而且，人在运动时，脂肪和碳水化合物的供能比例，是由运动强度和运动时间决定的，也不是由生酮决定的。

脂肪氧化比例提高确实有助于人的减脂效果，不是因为人在生酮饮食时脂肪供能比例提高带来的，而是人们在生酮饮食时容易在不知不觉中更少地摄取热量形成的。

在生酮饮食的前期，减重和减脂速度要比传统低脂肪饮食减脂更快一些，这倒是它的一个优势。这么看来，用生酮饮食方式减脂很好啊，为什么不能用它减脂呢？原因有两点：

第一，生酮饮食的优势只体现在使用的前期，一般是最初使用的头几个月里。与传统低脂肪饮食减脂的方式相比，越是往后，它就越没有优势。

实际上，有研究人员对比了低碳水、低脂、生酮等很多种减脂方法后发现：长期来看，在人们摄入热量缺口差不多的情况下，这些饮食减脂效果没有根本性的区别。也就是说，一个人胖不胖，还是看这个人的热量摄入情况。只是不同的减脂方法，会用不同的形式制造热量缺口。

第二，长期使用生酮饮食会对健康有不利影响。这已是学术界很明确的事实。

《中国居民膳食指南（2022）》是世界营养学界数以万计的营养学家共同认可的膳食指南，它在很大程度上代表了世界营养学界的学术水平。

那么，《中国居民膳食指南（2022）》是否倡导生酮饮食呢？答案是否定的！它明确反对一切诸如生酮饮食之类的不均衡、不全面的饮食结构和方式。生酮饮食屏蔽了几大类对人健康非常有益的食物，比如水果、全谷物等食物。长期不吃这些食物，或者吃得很少，对人的健康会有不利影响。

有的生酮饮食鼓吹者建议人们,通过补充维生素胶囊弥补这一缺口。但是水果、全谷物等食物里不仅有维生素、矿物质等营养素,还有其他很多我们根本不可能用补充剂补充到的、对健康有利的物质。比如植物性化学物质和膳食纤维。

拿植物性化学物质来说,它的种类非常多,目前已知的就有几千种,其中有不少对我们的健康都有利,甚至有些起到了很重要的保健作用,这是补充剂根本不可能补充到的,只有靠多样化的饮食。即使膳食纤维的种类比植物性化学物质少得多,但是想通过补充剂补全人体所需,也是很难的。

中国营养学会特别指出,长期高碳水化合物饮食或低碳水化合物饮食都不好,会增加人的全因死亡风险。图 08 是全球领先的公共卫生研究期刊《柳叶刀 – 公共卫生》(*The Lancet Public Health*)公布的关于碳水化合物摄入量与全因死亡关系的 U 形曲线图。

一般来说,人的能量由膳食碳水化合物、脂肪和蛋白质提供,膳食供能比例是指由膳食所提供的宏量营养素摄入种类、比例构成、数量的比例关系。比例恰当的能量和宏量营养素摄入量,对维持机体健康、预防慢性疾病相当重要;能量摄入过量、三大供能营养素比例失调,可增加全因死亡,以及超重、肥胖、心血管疾病等慢性疾病的发病风险。

美国人群的队列研究（ARIC 队列）表明：碳水化合物提供的能量百分比与全因死亡率之间呈 U 形关系，当碳水化合物供能百分比为 50%~55% 时，死亡风险最低（见图 08）；类似的一项分析显示：碳水化合物与死亡风险之间呈 U 形关联，低碳水化合物摄入（<40%）和高碳水化合物摄入（>70%）人群，都比中等摄入人群具有更高的死亡风险。

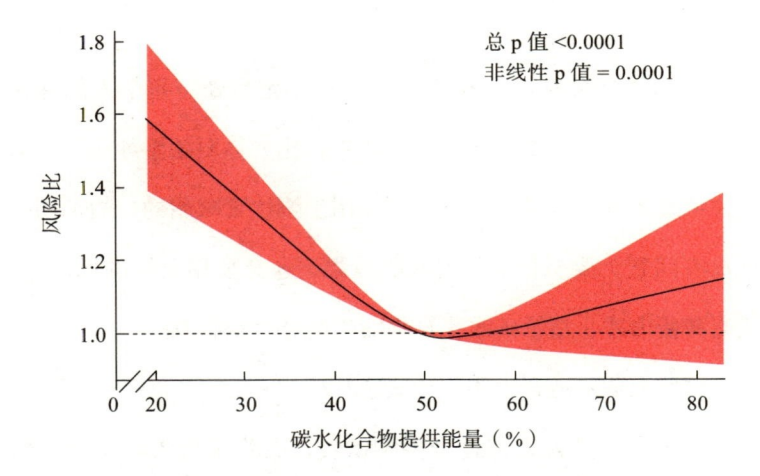

总 p 值 <0.0001
非线性 p 值 = 0.0001

纵轴：风险比
横轴：碳水化合物提供能量（%）

图 08 碳水化合物摄入量与全因死亡率关系的 U 形曲线

瘦，不等于减脂。瘦很容易，你什么都不吃，3 天准能瘦。但你能用这种方法减脂吗？

合理的减脂方法最起码应该符合一条原则，那就是可以长期使用。如果不能长期使用，即便能让你瘦下来，在你结束这种减

脂方法之后肯定还会复胖,这种能令人复胖的减脂是没有任何意义的。从长期看来,生酮饮食减脂没有减脂优势,也不利于人的健康。

5. 生酮饮食完全不能用吗

生酮饮食没有那么神,但也不是一无是处。我个人的建议是,如果你急于短期内取得减脂效果,比如你要拍婚纱照了,需要快点瘦下来,这种情况下是可以用生酮饮食减脂的,短期用一下没有问题。要想长期保持减脂效果,还是要用足够的低脂肪、适当高蛋白质、适量碳水化合物的均衡健康减脂方法。

哪些人群不适合生酮饮食减脂?

首先,不是人人都适合生酮饮食,因为每个人对生酮的耐受程度不一样,有的人会很快能适应,但有的人使用后的反应很大,比如出现严重的头晕、乏力、头疼、便秘、口臭,甚至心悸等副作用,不建议这类人群使用生酮饮食。

其次,酮体只是人类大脑的"替代能源",大脑的正经能源还是葡萄糖。所以,有些脑力劳动者在生酮饮食后,可能会出现思维能力和记忆力降低等问题。有慢性病的人群、有消化道疾病的人群、有精神类疾病的人群，都要慎用生酮饮食。

最后，生酮饮食会让人的碳水化合物摄入量变得非常低，造成肌糖原储量明显降低，从而降低人的运动能力。所以，运动人群要慎用生酮饮食。

关于生酮饮食的宣传，我们冷静思考便能发现其中有很多漏洞和问题。比如，生酮饮食鼓吹者说人胖是吃碳水化合物所致，而吃脂肪就不太容易胖人，这显然是谎言。不发达国家或地区的人，吃碳水化合物食物要比发达国家的人多得多。但我们都知道，在一些发达国家中胖子更多。拿数据说话，根据 FAO/WHO 的统计，大部分发达国家碳水化合物供能都比较低，约为食物总摄入量的 40%，人们吃得很少。而在不发达国家，这个比例则为 80%，且淀粉类食物占比很大。

就拿我们国家的数据来说：1989—2009 年，中国疾病预防控制中心营养与健康所，和美国北卡罗来纳大学人口中心，一共搞了 8 次中国健康与营养调查，他们发现，在这 20 年间，中国人吃的碳水化合物明显减少，吃的脂肪明显增多，主要是动物类食物，特别是畜肉类和蛋类食品多了，而谷类、根茎类食物的消费量明显下降。谷类、根茎类食物摄入，正是生酮饮食

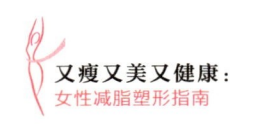

减脂法一直宣传的减脂饮食结构。但在这 20 年间,中国人瘦了吗?

2004 年 10 月中国卫健委、科学技术部、国家统计局联合主持的《中国居民营养与健康现状》调查结果显示:与 1992 年比较,中国人口超重率上升了 38.6%,肥胖率上升了 80.6%!中国人不但瘦的没减少,胖的还增多了。而到 2023 年,我国的肥胖率更是高到了吓人的程度。但生酮饮食还是火了,因为生酮饮食让人放开了吃一些高脂肪的东西,非常符合大众想要胡吃海塞还想瘦的心理,让它具备了火起来的先天良好条件。

用过一段时间生酮饮食方法的人发现,生酮饮食看着操作简单,其实很麻烦,可吃的东西很少,很不方便。而且,想要暴食碳水化合物的欲望时时刻刻折磨着生酮饮食者,也就很难让人长时间坚持下去,失败率很高。

这不影响它火起来,因为多数人评价一种事物,往往只看短期,而不看长期。比如,我们买了辆新车,刚开两天时感觉不错,我们会到处宣扬这车的好处。两个月或过半年之后,这车的问题凸显出来,而那时候有关这车的好评早就被使用者在使用初期大肆宣扬出去。

在实施生酮饮食的前期,尤其是前几天里,身体的水分减少会非常多，这主要是因为糖原的丢失附带丢失水分，但我们称体重的时候，可不区分被减去的是什么，只会看到体重的下降，且降得很快，这特别容易让使用这种减脂方法的人沉迷其中，也特别容易让人死心塌地相信它。在减脂后期，实施者看不到生酮饮食减脂的优势时，也不会认为是这种方法的问题，而往往会觉得是自己没有执行好。

减脂一直是很热的话题，从20世纪中后期开始，发达国家就在喊减脂，这就催生了一个全新产业——减脂产业。最初的减脂产业倡导的一直是低脂减脂，很多年之后，生产商或相关商家已经翻不出新花样吸引消费者的注意了，市场基本饱和。这时候突然冒出来的全新高脂肪低碳水化合物的生酮饮食，便拉开了新的减脂帷幕。

这是一个全新的减脂金矿，巨大的商业利益狠狠地推了生酮饮食一把。当然，在那些被拼命鼓吹出来的生酮饮食的好处里，有部分是真的好处，有部分却是利益驱使下的谎言。谎言太多，真理会被掩埋，这让很多老百姓很难听到学术界科学的声音。

自媒体时代之后，生酮饮食又迎来了它的第二春。很多自媒体以标新立异的方式吸引大众的眼球，其中不乏个别伪专家、伪

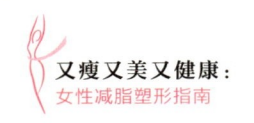

医生假借专家、医生的名号说了很多假话，说了很多完全不符合生理学或运动生理学基本原理的话。

6. 为什么有的医生、畅销书在大肆推荐素食或生酮饮食呢

在大众看来，医生、专家的话，绝对是可信的，但实际上这是一种误解，这是因为大众并不了解科学。循证医学，是医学界、营养学界做科学研究和解决实际问题的最高准则和最有力的工具。不仅要求人们用科学证据说话，还把科学证据分出了等级，不同等级的科学证据提供不同级别的论证能力。

为什么不可随便听取某些医生、专家的推荐

在科学问题上，哪怕名气再大的医生、专家，他们的观点也只是个人观点，论证能力非常有限。而科学讲求的是共识，是整个学术界共同认可的观点，也就是主流观点。如果某个医生、专家的观点跟主流观点不一致，只能是一家之言，我们可以

不用相信。

这是因为人的大脑有天然的一种局限——你很相信一件事，通常只看到对这件事有利的一面，而忽略了对这件事不利的一面，这在心理学上叫"确认性偏差"。如果大家接触过坚定的素食者，可能就会遇到下面这样的情况，就是你根本不能去说素食一点不好，哪怕你说的话是中肯的，可能也会引起对方的反感，甚至愤怒。在情绪上，对方已经不能接受任何对素食不好的评价了，即便这些说法是有道理的。

这也就是为什么，我非常不建议大家听取素食鼓吹者的说法。因为他们本身对待素食已经做不到客观公正了，他们几乎不会去说素食的任何不好，为了宣扬素食的好，他们还会想尽一切办法寻找素食所有的益处。他们的观点往往带有极强的倾向性，他们的目的，通常也是鼓动你相信素食、吃素食。其实生酮饮食群体也有类似的情况。

现实生活中就有某些不太负责的医生、专家，罔顾科学常识，极力为素食饮食或者生酮饮食建言，只说这两种饮食方法好的方面，不说那些对人影响不好的地方。如果一个医生或者专家不能理性、客观、科学地评价一件事，即便他的社会知名度再高、名气再大，他的话也不会再有任何可信度了。当然，我相信

绝大多数医生、专家是因为认知偏差真诚地为人们推荐自认为的可信赖产品。

畅销书上说的对吗

有个别营养学的通俗读物,为了销量不惜使用极端的方式评价一些饮食方式,很难客观公正。这也是抓住了一部分人容易被极端观点吸引的特点。比如,假设有两家媒体都在评价某明星,A媒体会把某明星塑造成神一样的存在,传奇一样的人物,很极端、很戏剧性,像一个很精彩的故事。B媒体会从正反两方面去评价这个明星,肯定了这个人的过人之处,也客观地说了很多关于他的传奇故事。而恰恰就有那么一部分人,不是特别喜欢B媒体的报道,而是喜欢A媒体的报道。

再比如,内容差不多的两本书,如果拟名"神奇的救命素食"或"生酮就是你唯一的出路",这样的书名是很吸引人的,尽管其内容同样不客观、不科学,仅仅肯定了素食和生酮对人影响好的那些方面,而避免提到那些对人健康有害的方面。但就是有部分人喜欢这一类的书,据说销量还不错。这是我想提醒大家注意且要谨慎对待的,买回来读了也就读了,是否要照着做可要小心了。

还是不得不强调，我不是说医生、专家的观点，或者某些通俗读物的观点是不可信的，我只是想提醒大家：科学讲的是共识，如果医生、专家的个人观点与学术共识相悖，就要很慎重对待。出版物也是一样，不能仅听一家之言。

电视节目宣传的也不可信吗

当前有些媒体也在鼓吹素食饮食或者生酮饮食的各种好处，不乏一些社会知名度和影响很大的电视栏目。甚至有个别名气还很大的节目为了追求收视率和关注度，罔顾科学真相。

英国广播公司（British Broadcasting Corporation，BBC），是世界公认的社会影响力极大的媒体平台，但是它在一些营养、健康、健身纪录片中，曾不止一次出现过很明显的科学硬伤。BBC发言人承认了某些纪录片的造假事实。

个人体验分享有什么问题吗

如果你身边有人是素食者或者生酮者，他们对这些饮食方法的自我感觉特别好，并且效果良好。我个人认为，这仍然不能作

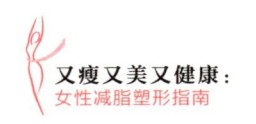

为科学证据，因为在很大程度上，很有可能是"安慰剂效应"导致的。毕竟，感觉自己的身体更好了这种"感觉"是很难量化的，而仅仅是主观感受上的，没有生理生化指标优化比对。

哪怕一个人开始实行素食或者生酮饮食之后，通过健康指标观测确实比之前更好了，也很难因此推断这就是素食或者生酮饮食的作用。因为我们通常习惯于用时间顺序判断事情的因果，实际上B在A之后发生了，不代表A就是B的原因，这种用时间顺序判断的因果关系，往往叫"后此谬误"。

吃了素食之后，一个人健康指标更好了，实际上可能是他在很多生活习惯上也更注意了，这才是他的健康指标变好的主要原因，甚至真正原因。很多人倾向于先去相信一件事，再去为这件事找证据。如果一个人先相信素食是神奇的、有效的，那么他就很容易把后来发生的很多好的事都归因于素食，甚至很有可能把中了彩票都归因于是他吃素的结果！

同理，有的人开始实行生酮饮食之后，健康指标提升了，也不见得是生酮在起作用。如果严格执行生酮饮食，人一般都能瘦下来。人一旦瘦下来，很多健康指标自然会提升，这不是生酮饮食带来的改变，而是人瘦下来引起的。

如果我们用其他非生酮饮食的方法让自己瘦下来，也能获得同样好处，或者取得同样效果。但是关键在于，孤立的个案在科学证据体系中几乎没有价值。因为每个人的情况都很复杂，适合A的方式不一定适合所有人。比尔·盖茨辍学创业后成为富豪，你不会因此认为辍学是成为富豪的原因，你更不会因此让你的孩子辍学。

真正的营养学实验当中动用的被试者动辄几万、几十万人，而一两个人、三五个人的经验，根本不能说明普遍问题。我们一定不能仅凭个人主观感受或个案作为评判一种饮食方法好与不好的科学证据，还是要看整个人群反馈出来的数据——大量样本的综合情况。

总之，一种饮食方法好不好、健不健康，需要长期的、大量的科学研究，才能给出结论，可不是几个明星、某个医生、个别专家的几句话，或几本畅销书就能定论的。

7. 最火的流量明星——"16-8 轻断食"

16-8 轻断食是一种目前非常流行的减脂方法。它操作起来很简单，就是限制每天进食的时间——只有 8 小时可以进食，一

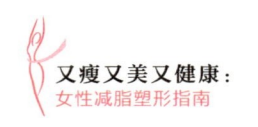

天之内的其余时间都不能再吃东西了。

16–8轻断食也区分流派，有的流派只限制进食时间，而不做饮食结构限制。有的流派不但要限制进食时间，对饮食结构也有一些要求。但是，多数16–8轻断食，是简单粗暴的——只限制进食时间。

个人认为，16–8轻断食是一种相对比较极端的饮食方法，尽管民间充斥着各种溢美之词，但在学术界，专业研究人员还持非常谨慎的态度，没有明确这种进食法的减脂效果。

综合目前相关的研究来看，只能说16–8轻断食可能有一定的减脂效果，或者也可能有一定的健康方面的功效，不管使用者的主观感受怎样，但是从科学的角度来看，还不能对这些功效下最后的结论。

我个人不反对大家尝试性使用这种方法，但要谨慎和冷静。这种方法也有明显的缺点，它并不适合所有人，也不建议长期使用。

为什么？我简要说一下原因：

第一，很多人拿来作为佐证16–8轻断食好的研究文献，都是针对限时进食（Time Restricted Feeding，TRF）的研究，而不是针对16–8轻断食的研究。限时进食，就是限制每天的进食时间，只允许使用者在一个窗口时间内进食，除这个时间以外的任何时间里都不能进食。但问题在于限时进食不一定就是16–8轻断食，还可以是14–10进食法，也就是只能在每天规定的10小时里吃东西；或者18–6进食法，只允许有6小时能吃东西的时间；甚至还有更极端的20–4进食法，只允许有4小时能吃东西的时间。

目前学术界确实有一些研究说明，限时进食对减脂或者身体健康可能有些好处。但大家一定要注意，限时进食不等于16–8轻断食，它只是限时进食中的其中一种方案。也就是说，限时进食的研究结论，不能直接套用在16–8轻断食上面。

这就好像缩短小学生在校上课时间，可能对小学生全面健康成长有好处，不代表只要缩短了学生在校的时间就行，还要具体分析需要缩短多少时间为好。缩短的时间太多，学习时间不够，不利于小学生的学习进步；缩短的时间太少，可能对小学的全面健康成长没意义。

很多伪科学总是习惯拿一篇关于限时进食的研究，就宣传其为科学界的普遍存在，这是非常不负责任的。

第二，限时进食仍属新生事物，关于限时进食对人是否健康存在争议。也有不少研究发现限时进食没有减脂和健康效益，两

方面都有其相关证据。但是，关于限时进食的研究，目前总的数量仍然很有限。大多是一两项研究性的孤证，缺少大量设计良好的研究样本，很难得到学术界的公认。

毕竟限时进食在营养学界仍然是一个新生事物，学术界对它的研究仍处在初级阶段，缺乏细致深入的研究。从限时进食的研究文献发表趋势来看，大概从 2018 年开始，对限时进食的研究才逐渐多起来。虽然这两年有一个爆发式的趋势，但是仍然存在总量上的不足，以及总的关注时间短两大问题。

营养学的研究是一个非常复杂而漫长的过程，仅一个吃盐和高血压的问题，学术界就争论了好几十年才形成了基本共识，像限时进食这么宏观的饮食策略，需要更长时间的研究。

第三，目前针对限时进食的研究，绝大多数是实验周期较短的研究。实验周期一般为几周、十几周。好的营养学研究实验需要持续足够长的时间，因为人体有很强的适应性，我们不能拿它短期有效的结论，直接套在长期的效果上。

限时进食还属于新生事物，它的研究局限还不仅仅是实验周期短，还有一系列问题。比如，无法开展限时进食的盲实验，因为实验被试者肯定知道自己是不是被限制了进食时间，限制了多长时间等。而被试者对限时进食这种饮食方法相信程度，很容易影响实验结果。同时，对于忙碌而且应酬多的现代人来说，参与限时进食实验其实是很难的，这就很难保证足够多的实验人数。

第四，在目前限时进食的研究当中，有不少是动物性研究。从循证医学的角度来看，动物研究本身的论证能力比较弱，并且动物研究的结论根本不能直接用在人体身上，只能作为人体研究的探路者，为人体研究提示方向。而伪科学最喜欢拿动物实验的研究结论，直接套用在人身上。在动物身上有效的，就说对人也有效。

第五，目前还不清楚限时进食的长期安全性，如上文，目前针对限时进食的研究都是较短期的研究，长期使用限时进食法，比如持续几年、十几年长期使用是不是安全，现在看来还是要打一个问号的。

不管用一种饮食方法减脂，还是用它保健，如果只是短期使用，那没有任何意义。比如你在一两个月内短期限时进食减脂瘦了，停止限时进食后，你又胖回去了，这没有意义。保健身体也是一样的道理。

好的饮食方法，最起码是能长期使用，安全性得到了论证的。而限时进食对于我们来说，都是尚待论证的新兴饮食策略，离最后在科学界形成共识还差得很远。16-8轻断食又只是限时

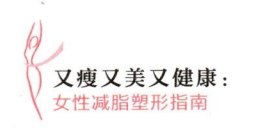

进食中的一种时间安排,过早地对它下结论,也未免太草率了。

我的观点不是说 16-8 轻断食绝对不好,更不是说它绝对好,我们不妨对它报以期待。我不反对具备条件的同学尝试性地使用,但是要有一个谨慎的态度,不建议长期使用。

8."16-8 轻断食"的缺点都有什么

16-8 轻断食有可能帮助减脂,原因很可能是它减少了我们的饮食热量摄入。

这很简单,过去我们早上七八点起床,到晚上十一二点睡觉,其间有大概 16 个小时能吃东西。限制了进食时间后,只能在 8 小时里吃东西,8 小时之外不能吃了,当然容易减少我们饮食热量的摄入。

饮食热量减少了,肯定能减脂。当然,有一些限时进食研究报告认为,限时进食并没有让饮食热量有太明显地减少,被试者瘦下来可能还存在其他方面的原因。但首先注意,这说的是限时进食,而不是 16-8 轻断食。另外,参与实验的被试者的数量还非常有限,研究还停留在初级阶段。受到方法的限制,一个人到底摄入了多少热量,也很容易产生误差,所以这些有限的研究还不能说明问题。

当然,如果用 16-8 轻断食减少了热量摄入,那也是好事。关键是减少热量摄入还有很多更均衡、更好的、不极端的方法,毕竟从营养学的角度来看,16-8 轻断食是比较极端的饮食方法,它远不是我们最好的选择。

那么 16-8 轻断食在减脂方面的局限性有哪些呢?

第一,16-8 轻断食有诱发使用者暴食倾向的可能性。

因为人在饥饿的情况下,很容易吃得更多,和吃热量更高的食物。通俗地说,只能在 8 小时里吃东西,也就意味着在一天中剩下的大部分时间里人都在挨饿,饿得厉害了就有可能在能吃东西的 8 小时里报复性地多吃,吃更不健康的东西。

这种在时间上不均匀饮食的方法,造成了人在一天中会出现一个饮食热量摄入的集中高峰,这恰恰是暴食症患者的饮食特征——在一天之中其他时间吃得很少,甚至不吃,只会在一个较短的时间里集中摄入热量。

总之,如果执行 16-8 轻断食后,它没有让你少吃,反而让你多吃了,你肯定不会瘦,甚至还有可能变胖。对于本身有暴食问题的减脂者来说,限制进食还有可能因为过度饥饿再次引发暴

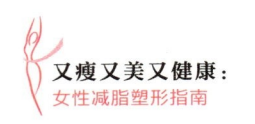

食倾向。因为过度饥饿是暴食症的一个明确诱发因素。

第二，16–8轻断食不利于保持人的肌肉量，而丢失肌肉对减脂和健康都是很不利的。

为什么16–8轻断食可能导致肌肉丢失呢？大家可能觉得每天只要摄入足够多的蛋白质，我们就不需要周转肌肉蛋白质供给身体需要，也就不会丢失肌肉了，其实没有那么简单。我们每天不但要摄入足量的蛋白质，还要让蛋白质均匀地分散摄入，也就是说蛋白质摄入总量怎么分配很重要。

虽然我们在一次进食中吸收蛋白质的总量没有上限，但是用来合成我们身体蛋白质的量是有上限的。也就是说，哪怕你在一顿饭里把一天需要的蛋白质都吃进去了，但是也只有一部分能用来供给身体的需要，剩下的蛋白质要么变成能量消耗掉，要么糖异生合成葡萄糖，或者合成脂肪被人体储藏。

比如，按照中国营养学会的建议，一个体重90千克的男性每天的蛋白质推荐摄入量是每千克体重1克，他每天就需要摄入90克蛋白质。他必须要把这90克蛋白质均匀分摊在三餐之中，也就是他需要每餐摄入30克的蛋白质。

如果使用16–8轻断食，他的饮食需要集中在一个较短的时间段里完成，相应地蛋白质也会集中摄入，因为一次进餐之中用于合成身体蛋白质的量有限，这会造成大量蛋白质的浪费，而合成身体的蛋白质就不够了。这就会出现，蛋白质总量吃够了，因为摄入时机不合理，不能被人体充分利用的情况，造成蛋白质实际上的摄入不足，导致人的肌肉丢失。

第三，16-8轻断食可能引起其他营养素的摄入不足。

很简单，16-8轻断食会让我们摄入的饮食种类减少，而吃不够应有的营养素。

可能有人会说，我们可以在能吃东西的8小时里把所有需要吃的都吃下去。理论上来看，这样当然可以，实际上却很难做到。因为这需要我们具备足够多的营养学知识，会进行复杂的饮食搭配设计，甚至能够相对准确地计算出饮食营养素的摄入量。

对于我们多数人来说，吃够营养要靠充足的进食时间。只要在一天之中需要的时间里都能吃东西，还是容易吃够我们需要的营养的。比如，我们每天都需要吃水果、蔬菜、豆类、肉类、蛋类、奶类、谷物、薯类、坚果、植物油这几大类食物，在上午没来得及吃的，可以在下午或晚上吃。

但16-8轻断食规定，我们只能在允许的8小时里把一天需要的所有食物种类、量都吃完，那需要我们非常用心地吃才行。而根据中国营养学会的多样化饮食建议，我们每天要食用不重复

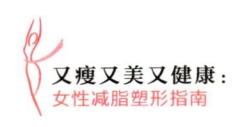

的食物种类 12 种以上，每周 25 种以上。显然用 16-8 轻断食，就很难满足我们摄入食物的多样化要求了。

第四，16-8 轻断食不利于调整饮食口味。

不能调整饮食口味的减脂方法，很难让减脂效果持久。真正有效的减脂，是可以让人摆脱高油、高糖、高盐食物对人的控制，让人的口味变得清淡健康，从根本上解决问题。否则，要保持减脂效果，需要有极强的意志力，才能抵抗对食物口味多样化的要求。

对高油、高糖、高盐的食物有瘾，被认为是肥胖的重要诱因之一。要减脂，肯定要戒掉这类食物。

我在做减脂指导的时候，最大的体会之一就是，调整减脂者的饮食口味就像戒烟一般困难。你想戒烟，怎么做？那就是不去吸烟，持续一段时间不去吸烟，你的烟瘾才有可能慢慢戒掉。

16-8 轻断食，允许你在能吃东西的 8 小时里随便吃，你就有极大可能吃那些高热量食物，也就很难彻底戒掉那些令人成瘾的食物。因为进食时间有限，你更容易吃那些高油、高糖、高盐、高热量的食物。一方面这是饥饿感的积累造成的，另一方面你在心理上更容易觉得，在短时间里能进食就一定要吃最喜欢的食物，会把自己不恰当的想法合理化。

第五，16-8轻断食不适合忙碌的上班族。

16-8轻断食看似简单，实际上操作起来并不简单。尤其是现在大多数人工作都很累，本身需要经常补充能量和营养。如果每天只在8小时内吃东西，会让人空腹持续时间太长。不妨试想一下，如果你是在早上八点吃的早点，到下午四点后就不能吃东西了。但是，你可能七点才能下班，甚至有时候需要加班到晚上九十点钟才能回家。回到家后，还要做点家务忙点别的，或许十二点才能睡觉。从下午四点到晚上睡觉，需要整整8小时，你真的能支撑得住吗？可能有的人是可以的，但对多数人来说，肯定不是那么容易的。

当然，你也可以在上午不吃东西，把吃东西的时间放到傍晚和晚上。上午你就有可能因为血糖不足影响脑力活动，影响工作。毕竟你已经空腹一晚上了，要等到下午4点才能吃东西，那也是很折磨人的。

16-8轻断食不适合所有人群，比如有胃病的人群，有低血糖的人群，有心理情绪问题的人群等。

16-8轻断食能火，主要是因为大众在减脂这件事上的功利主义——想瘦，而且想快速瘦，恨不得一天瘦一斤。同时，还不想下功夫，总嫌科学合理的减脂方法麻烦。

目前还不能说 16-8 轻断食一定好、绝对好，或一定能有神奇的减脂和促进健康的功效。任何神化、夸大 16-8 轻断食的观点，都有可能是某些商家的商业炒作，是不科学、不负责任的。就算未来证明了 16-8 轻断食是很好的饮食方法，大概率也不是现在人们正在使用的这套 16-8 轻断食。最起码它应该是，能够确保你在 8 小时里把需要的饮食营养素都吃够的饮食方法，是一套科学而系统的方法。

第三章

女性减脂的
底层逻辑——饮食篇

减脂的核心是饮食控制,这个基本的策略和原则,对于女性和男性来说都是一样的,没有本质差别。但是在细节方面,如果能够把女性和男性适当区分对待,减脂的效果会更好。比如,女性比男性心思更细腻、更敏感。如果她们对自己的外貌和身材不满意,承受的压力可能要比男性更大一些,这让女性在减脂的时候会跟男性关注的问题不一样。

现代女性往往承受着比男性更大的压力,在生活和工作"两座大山"的重压之下,减脂往往成为她们的奢望。那么,怎么在"夹缝中"执行好减脂饮食就很重要了。

1. 三大营养素在减脂中扮演什么角色

减脂，归根结底是跟热量打交道，这个热量却是我们吃进去的。在我们的食物当中，能被我们利用且能产生热量的食物主要有四种：蛋白质、碳水化合物、脂肪、酒精。因为不是所有人都喝酒，所以我在这里不讲酒精。

三大营养素的搭配比例如何

要减脂，我们必须弄明白蛋白质、碳水化合物、脂肪这三大营养素是怎么回事。其中最主要的问题，就是这三大营养素的比

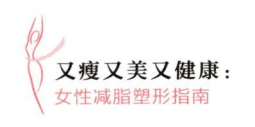

例应该怎么搭配、比例多少合适？

提起减脂三大营养素的搭配，首先涉及一个问题——是低碳水化合物好，还是低脂肪好？人们争论得很热闹，其实早就有大量高质量的研究发现，单从减重效果来看，低碳水化合物和低脂肪之间的区别并不大。

也就是说，只要有足够的热量缺口，热量控制得好，从长期的减重效果，比如1年的效果来看，低脂肪和低碳水化合物差别并不大。这也意味着减脂的核心是热量，很多人过分强调了三大营养素的比例。低碳水化合物者或生酮者都认为，只有自己使用的减脂方法才是唯一正确的减脂方法；低脂肪者认为，低脂肪才对；还有的人觉得，必须高蛋白质或者必须低蛋白质才行。

其实，只要有足够热量缺口，不管三大营养素怎么搭配，无论什么比例都能让人减脂。比例只是决定了你是怎么具体地操控你的身体成分的：你是要短期快速减重，还是要长期健康减脂？你是要保持一定肌肉量，还是要减去一些肌肉？你是要兼顾运动，还是不考虑运动？

一句话，热量，决定你能不能减；三大营养素的比例，决定了你会怎么减。

三大营养素在减脂过程中承担的功能

蛋白质，决定了你减脂时丢不丢肌肉，丢失多少；在减脂过程中的饥饿程度；在长期减脂中能否保持身体健康。

碳水化合物，影响你减脂时的状态，包括精神状态、情绪状态，以及思维能力和运动能力；决定了你在长期减脂中能否保持身体健康，以及短期减脂时的减重速度。

脂肪，决定了你在长期减脂中的减脂速度、能否保持良好的减脂效果和是不是容易反弹。

首先，我们来看蛋白质是怎样影响人的肌肉增减情况的。

蛋白质能否摄入充足，摄入时机是否合理，是减脂时能否保持肌肉的关键。从量的方面来看，建议减脂期的蛋白质摄入量要比非减脂期高一些。如果你在减脂期间没有大量运动，也不会通过低碳水化合物、生酮快速减脂，建议蛋白质摄入量不低于1.2克/每千克体重。如果你是低碳水化合物或其他快速减脂者，或者平时运动量大，就要适当增加蛋白质的摄入量，但是不建议长期超过2克/每千克体重。

人在减脂期间的蛋白质需求量会比平常多一些，稍不注意就容易致使摄入量不足，影响身体健康。蛋白质摄入不足，短期减

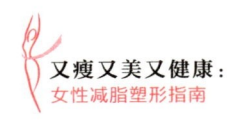

脂其影响不明显，长期减脂的话会对身体健康产生比较明显的不良影响。

蛋白质带来的饱腹感在三大营养素当中是最强的，主要是受胃肠激素的影响。总之，减脂期间摄入蛋白质比例高一些，不容易让人产生饥饿感，更容易让减脂坚持下去。

其次，我们来看碳水化合物的情况。碳水化合物之所以能够影响一个人减脂时的状态，主要是因为我们大脑的能源是葡萄糖，而葡萄糖是碳水化合物中最重要的一种单糖。碳水化合物摄入是不是充足，决定了我们的大脑能不能吃饱。大脑吃不饱，我们的精神、情绪、思维都容易受到影响。

所以，人们在低碳水减脂或者生酮减脂期间，经常有情绪暴躁、记忆力降低、脑子不运转等状态特别差的感受。现在脑力工作者居多，脑力不足对人的影响还是很大的。根据大脑对碳水化合物的需要量，我国建议成年人碳水化合物的摄入量不低于120克/天。注意，这里说的是纯碳水化合物的摄入量，不是碳水类食物的摄入量。

碳水化合物也会影响人的运动能力，低碳水化合物会降低肌糖原储量，让人的运动能力降低。所以，减脂的时候碳水化合物摄入过低，人的运动能力和运动热情就会不足，不容易保持运动，这也会影响减脂效果。有运动的减脂者，或者说比较依赖运动减脂的减脂者，碳水化合物摄入量就不能太低。

当然，酮体也能作为大脑的替代能源，运动者对低碳水化合物的耐受能力也因人而异，但是对大多数人来说，精神状态和运动能力会受碳水化合物摄入量的影响。所以，每个人都要根据自己的情况适当调整。目前世界主流营养学的建议是，成年人每天的碳水化合物摄入热量，要占摄入总热量的50%~55%。制订长期减脂计划时，碳水化合物的摄入量可以参考这个比例。

在低碳水化合物饮食减脂或者生酮饮食减脂的前期，减重速度会很快，这是因为低碳水化合物造成身体糖原储量快速降低，同时会丢失3倍左右的水分。如果你只是短期减重，使用低碳水化合物饮食减脂，甚至断碳水化合物饮食减脂的方法，都是可行的。不过最好控制在2~3个月以内。

最后，我们分析脂肪对身体的影响。因为单位重量脂肪的热量是碳水化合物或蛋白质的2倍多，也就是说低脂肪能更好地控制人体热量，让人保持长期稳定的减脂速度和效果。另外，低脂肪相比于低碳水化合物更容易让人坚持。如果大家关注低碳水化合物饮食或者生酮饮食的研究会发现，能坚持到后面的被试者不多，其样本丢失率很高。并且，在这两种饮食减脂结束后，人很

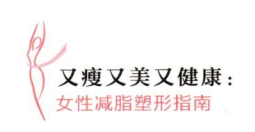

容易反弹回去，难以确保减脂效果。而使用低脂肪减脂不同，很容易坚持下来，也更容易保持健康。

美国国家体重控制登记中心曾经对几千个减脂超过 31.8 千克，且保持超过 5.5 年的减脂者做了跟踪调查，发现大多数都保持了低脂肪的饮食结构（见表 08）。

表 08 美国国家体重控制登记中心数据库中的数据

成员的行为和心理特征（N=4643）	
来自脂肪的能量 %	28.4 ± 12.3
来自碳水化合物的能量 %	51.1 ± 14.0
来自蛋白质的能量 %	18.9 ± 4.3
每天正餐或小点心的数量	4.7 ± 1.6
每周快餐数量	0.8 ± 1.6
每周餐馆就餐数量	2.3 ± 2.4

备注：每个变量的实际样本大小可能略有改变。

减脂时怎么合理安排三大营养素

我个人的建议是，体重基数不是特别大，预计减脂速度适中，有一定量的运动但运动不多，或者干脆不运动的减脂者，在减脂期需要制造总热量缺口约 500 千卡/每天，建议蛋白质、碳水化合物、脂肪的热量摄入要占每天总热量摄入的比例分别约为：20%、55%、25%。注意，可以上下适当调整。

多数减脂者，可以直接用这个比例安排自己的饮食搭配。如果想把自己的减脂饮食做得更细致、更符合你的个体情况，你可以在这个基准上根据你的减脂周期、预计的减脂速度、运动类型、运动量、你对身体成分的预期等做适当调整。

一般来说，先确定你的减脂周期，如果想长期持续减脂及保持效果，就要均衡、要健康，不要与 2∶5.5∶2.5 的比例偏差太大。要加快减脂速度，可适当减少碳水化合物的摄入量，增加蛋白质的摄入量。想要慢减，不追求减脂速度，那就反过来——多加碳水化合物，少加蛋白质。

尤其运动量大的减脂者，一定要保证碳水化合物 55% 的比例，可以适当增加蛋白质，不太会影响减脂效果。如果想减少肌肉量，可以通过降低蛋白质、减少碳水化合物的方式，以增加热量摄入缺口。当然，不建议长期这么做，会不利于身体健康。

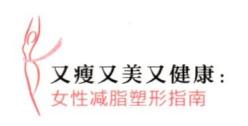

2. 怎么估算你的三大营养素摄入量

不少女性可能不太会估算食物中的碳水化合物、蛋白质含量，可以通过查阅工具书的方法进行计算。如果你要认认真真地减脂，建议买一本《中国食物成分表》。在这本书里，有非常全面的、我们中国人常吃的食物的热量和营养素的数据。附表里还有很多其他常用数据，比如食物的 GI 值（血糖生成指数）、不同食物的脂肪酸构成和氨基酸构成等情况，非常有用。

如果不查工具书，怎么估算呢？

碳水化合物在各类食物中的含量情况

我们首先说碳水化合物在各类食物中的占比情况。一般来说，肉、蛋、植物油类食物的碳水化合物含量可以忽略不计。奶类，是碳水的一个来源，这一点可能很多人没有意识到。牛奶，一般按照每 100 克含 5 克的碳水化合物计算；酸奶，一般可以按每 100 克含 10 克的碳水化合物计算。当然，这里的酸奶是指原味酸奶，会添加一些糖，但不会添加如坚果、果粒、谷物等。

蔬菜类食物里的碳水化合物含量，一般可以不计算，除非你要执行非常严格的生酮饮食。多数蔬菜碳水化合物含量是很低的，膳食纤维占了不小的比例。当然，有些蔬菜碳水化合物含量较高，比如百合、藕，但这类蔬菜我们吃得可能不多。另外注意，土豆、红薯、木薯这些薯类食物，不属于蔬菜，属于主食。

水果类食物里的碳水化合物含量，统一按照每 100 克含 15 克估算。坚果类，比如核桃、杏仁、榛子、腰果、开心果这些东西，碳水化合物含量可以按每 100 克含 20 克估算。

种子类食物的碳水化合物含量，可按每 100 克含 50 克估算，比如西瓜子、葵花子、南瓜子、花生、芝麻等。

豆类中的黄豆和黑豆脂肪含量比较高，热量也高，碳水化合物含量少，可以按每 100 克含 35 克估算；其他豆子，比如红豆、绿豆、花豆、芸豆、鹰嘴豆等，可按每 100 克含 65 克估算；黄豆制品的工艺太复杂，不同制作方式造成的碳水化合物含量差别也大：豆腐一般可以按每 100 克含 4 克碳水化合物估算，豆腐干可按每 100 克含 10 克碳水化合物估算。

主食类食物的碳水化合物含量最高，各种生米、玉米面、干玉米、玉米糁、大麦等，生白面、荞麦面、燕麦、生的硬面条、硬粉丝和粉条等，每 100 克可以按 75 克碳水化合物估算；软面

条、烙饼、馒头，每 100 克按 50 克碳水化合物估算；米饭，每 100 克按 25 克碳水化合物估算；薯类，比如红薯、土豆，每 100 克按 20 克碳水化合物估算。

蛋白质在各类食物中的含量情况

蛋白质的主要食物来源是肉、蛋、奶、豆类、米饭、面食。这不是说别的食物里没有蛋白质，而是一般不需要计算。在减脂中，很多营养的计算是可以近似处理的。比如绝大多数水果、蔬菜，蛋白质含量很低，可以忽略不计。坚果、种子的蛋白质含量比较高，如果平时很少吃这类食物，也可以忽略不计。

不同肉类食物里的蛋白质含量不一样。但是大致蛋白质含量在 15%~20%，为了方便计算，统一按照每 100 克中含 20 克蛋白质估算。如果我们各种肉类都吃一些，就可以保证蛋白质摄入量。

在蛋类食物中，这里主要是指鸡蛋，一般每颗鸡蛋按 6 克蛋白质估算，如果是蛋清，每颗鸡蛋按 3 克蛋白质估算；在奶类食品中，主要指牛奶和酸奶，两者一般都按每 100 毫升含 3 克蛋白质估算。

豆类食物中的黄豆和黑豆，按每 100 克含 35 克蛋白质估算；其他豆类按每 100 克含 20 克蛋白质估算；北豆腐和南豆腐分别按每 100 克含 10 克和 5 克蛋白质估算。

米饭中的蛋白质含量，每 100 克按 3 克估算；馒头、软面条，一般每 100 克按 8 克蛋白质估算；燕麦、藜麦中的蛋白质每 100 克可以按 10 克估算。

脂肪的估算比较复杂，在这里不做详解。大家可参考本章最后一节，我为大家提供的"减脂食物库"，里面的食物都是适合减脂时吃的低脂肪食物。

3. 近距离看看减脂的核心——热量

热量平衡包括两部分：热量摄入和热量消耗。我们先说热量消耗，了解了我们一天会消耗多少能量，才能更清楚我们该摄入多少能量。我们日常的能量消耗主要包括三部分：基础代谢、食物热效应、活动热消耗。

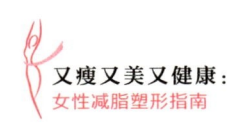

基础代谢与基础代谢率

基础代谢,就是我们每天什么都不干维持生命消耗的热量。我们可以更简单地理解为,基础代谢就相当于你舒舒服服地躺一天所消耗的热量。哪怕你翻了个身,也会产生热量消耗,你看书、玩手机、上班下班、洗脸、洗澡等一切日常活动都会有热量消耗,这些都不属于基础代谢。也就是说,再微小的动作,都属于额外消耗的热量,是活动热消耗。

人们常常把基础代谢和人一天的总热量消耗混淆,其实基础代谢只是人每日总热量消耗当中的一部分。跟基础代谢非常类似的概念,还有静息代谢,经常有人将基础代谢和静息代谢混着用,严格说起来这两个概念是有区别的,但对女性减脂者个人而言,没有必要细抠这个区别,是可以混着用。

基础代谢率(Basal Metabolic Rate,BMR)是什么,与基础代谢又有什么区别呢?基础代谢,是我们维持最基础的生命活动消耗的热量总值,它的单位是千卡,或者千焦,是"多少"的一个指标。基础代谢率,就是维持生命的一个速率,它的单位一般是千焦(千卡)/平方米/小时,它是一个"快慢"的指标。

测量人的基础代谢率的要求是比较严格的，测量人员会通过测量人消耗的氧气量计算热量消耗。一般会要求测量人员：测试前至少48小时禁止剧烈运动，因为剧烈运动后的过量氧耗可能影响基础代谢率的测量准确度；空腹8~12个小时，或者更长的时间，这是为了避免体内未消化、吸收、代谢的食物额外消耗热量，产生食物热效应影响测量数据；测量时，需要测量者躺着，感觉舒适、体温正常、情绪稳定。不舒服、情绪激动、体温高或者低，都会让人的能量消耗量改变，干扰测量的准确性。

可见健身房的仪器或者你家里自备的体脂秤，是很难测出基础代谢率的，只能粗略地估算出你的身体成分，比如瘦体重和体脂率。

食物热效应与三大营养素及运动的关系

所谓食物热效应，就是跟我们吃东西有关的热量消耗。我们吃的食物需要消化、吸收，营养物质需要转运、储存、代谢，这些过程都需要消耗热量，这部分消耗的热量就属于食物热效应。食物热效应的高低，取决于吃的食物的多少，通常占我们每天总能量摄入的5%~10%，你吃得多，食物热效应就高，吃得少，食

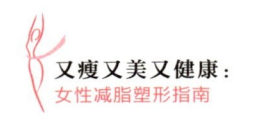

物热效应就低，具体因人而异。

在三大营养素中，蛋白质的食物热效应最高，碳水化合物其次，脂肪最低。这是因为蛋白质的代谢过程复杂，除了合成身体的蛋白质，氧化燃烧掉一部分外，多余的还会变成糖、脂肪，所以消耗热量会比较多。尤其是蛋白质转化成脂肪，需要消耗更多能量。碳水化合物吃进去，要氧化燃烧、合成糖原，多余的也能储存成脂肪，但是这个过程中消耗的能量就要小一些。脂肪的代谢最简单，它的主要功能是为身体储存脂肪，由脂肪变脂肪，不需要消耗额外能量，所以食物热效应最低，只有不到5%。

所以，减脂要高蛋白质、低脂肪，从食物热效应的角度讲是很合理的。也就是说，假设吃同样热量的食物，如果是高蛋白质低脂肪的，人更不容易胖，如果是高脂肪低蛋白质的，人容易变胖。有人可能想，这不就跟热量决定胖瘦矛盾了吗？也不矛盾。因为这只是理论上成立，而实际生活当中，高脂肪食物往往蛋白质含量也不低，所以要想吃到脂肪很高、蛋白质很低，或者脂肪很低、蛋白质很高的食物是不多见的。

当然，高脂肪也有可能促进减脂，比如生酮饮食，短期内一般也有不错的减脂效果。尽管这种饮食能减脂主要是制造了热量缺口，但与食物热效应原理并不矛盾。减脂就是这样，只要能制造热量缺口，短期就都能让你瘦下来。

此外，有研究人员发现，运动后吃东西，食物热效应会明显提高，不管是力量训练还是有氧运动。尽管我们还不能确定这项研究的设计是否理想，至少从减脂的角度来看，在运动后吃东西可能会更好，毕竟运动之后身体储存能量被大量消耗，适当吃东西补充能量会更有助于健康。

活动热消耗与热量消耗估算方法

所谓活动热消耗，就是平时我们有意识地生活、工作、活动时所消耗的热量，只要是身体活动消耗的热量，都算活动热消耗，比如我们洗脸、洗澡、刷牙，甚至打喷嚏、打呵欠等，都会产生活动热消耗，包括运动时消耗的热量。

了解了基础代谢、食物热效应、活动热消耗，也就为估算我们一天的总热量消耗（Total energy expenditure，TEE）打下了基础。大家可能认为，就是把基础代谢、食物热效应、活动热消耗累加在一起。这样做当然没错，但没必要，因为太麻烦。而且我们每天做那么多事，是很难对每一项活动的活动热量消耗

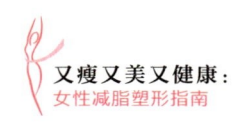

进行估算的。

我介绍两个简单的方法：

方法一：TEE = 基础代谢 × 活动因数。

这是人们较为常用的方法。所谓活动因数，就是描述一个人平时身体活跃程度的系数，比如你是办公室职员，身体活跃程度不高，活动因数就低一些；你是工人，每天的活动量很大、人很累，活动因数就会高一些。活动因数越高，热量消耗肯定越高。

表09是采用双标水法，针对不同人群的身体活跃程度，测定出人的热量消耗，从而制定出的活动因数表。

表09 活动因数表

生活方式	职业或人群	活动因数
休息，坐卧为主	不能自理的老年人或残疾人等	1.2
静态生活、工作方式	办公室职员或坐着工作的职业从业者	1.4~1.5
坐姿生活方式为主，偶尔活动	学生、司机、装配工人等	1.6~1.7
站、走为主的生活方式	家庭主妇、销售人员、服务员、接待员等	1.8~1.9
重体力生活或工作方式	建筑工人、农民、矿工、运动员或运动爱好者	2.0~2.4
有明显体育活动（每周4~5次，每次30~60分钟）		+0.3

可能有人会有疑问,认为这个计算方式没有考虑食物热效应,或者认为不同岗位的办公室职员,不同的工作性质,活动因数也不应该一样。其实不必担心,估算终究是估算,只是便于人们操作,辅助减脂的。

方法二:它结合了人的年龄、体重、身高,还有身体活动系数(physical activity coefficent,PAC),计算出来的,并区分了男女性别。

具体公式是:

19 岁以上的男性

TEE = 662 − 9.53 × 年龄(岁)+ [PAC × 15.91 × 体重(千克)+ 539.6 × 身高(米)]

19 岁以上的女性

TEE = 354 − 6.91 × 年龄(岁)+ [PAC × 9.361 × 体重(千克)+ 726 × 身高(米)]

表 10 是根据人们的身体活跃水平(Physical Activity Leves,PALs)制作的 PAC 系数表,以便于我们日常估算。

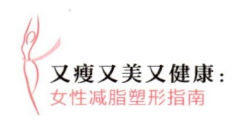

表10 身体活动水平

类别	身体活动水平（PAL）	男性/女性的身体活动系数（PAC）
久坐	>1.0～<1.4	1.00/1.00
不活跃	≥1.4～<1.6	1.11/1.12
活跃	≥1.6～<1.9	1.25/1.27
非常活跃	≥1.9～<2.5	1.48/1.45

减脂的时候，掌握以上两种总热量消耗计算方法，能帮助我们监控日常热量摄入与消耗的情况。当然会有误差，但影响不大。

4. 为什么有的人多吃不胖

估算每日摄入食物的总热量时，需不需要考虑食物的消化吸收率呢？这也是大家非常关心的一个问题。比如，当我估算自己一天会摄入2000千卡热量，实际消化吸收了多少呢？当看到有的人吃很少还会胖时，我们通常会猜想是不是这类人的吸收太好了？

其实我们吃进去的食物，肯定不能 100% 被我们消化吸收，这是没错的。但是人类的进化，让我们对食物能量斤斤计较，很少会浪费食物中的能量，任何一个健康人的食物的消化吸收率都非常高。我们对混合食物中的碳水化合物、脂肪、蛋白质三大营养素的吸收率分别约为 98%、95% 和 92%。所以，瘦人是因为吸收不好，只是很多人想当然的错误认知。

如果真的有消化系统疾病，导致消化吸收的问题，那就是另外一回事了。但是，这种情况一般都会有症状。当蛋白质、碳水化合物、脂肪不能被人体很好地消化吸收，一般都会引起肠道一系列的不良反应，比如腹胀、腹泻、不正常的排气等。如果没有持续、明显的胃肠道不舒服的感觉，大可不用担心自己的食物消化吸收率会特别低。

以现在我们使用的通行的食物热量数据来看，碳水化合物 4 千卡/克、蛋白质 4 千卡/克、脂肪 9 千卡/克这个热量系数 (也称阿特沃克系数，可略写为 4、4、9) 已经考虑过消化吸收率的问题了，不需要再单独给予考虑。当然，我们这里所谓的碳水化合物热量是 4 千卡/克，仅是个平均热量，不同的碳水化合物，热量也不一样，我们不可能一辈子只吃一种碳水化合物，绝大多数是多样化的碳水化合物混合着吃，平均下来也就是 4 千卡/克

左右了。蛋白质、脂肪的估算依据也是如此。4、4、9这组估算参考数据是被营养学界普遍认可的，尽管不断有人建议修正这组数据，让它更精确，营养学界对此也有过讨论，最终发现没有这个必要。

所以，一吃就胖的人，并不是因为吸收好。同样，多吃不胖的人也不是因为吸收不好。那么，究竟是怎么回事呢？

多吃不胖的人，往往会有更多隐形的热量消耗。他们可能在基础代谢、非运动性产热（Non-Exercise Activity Thermogenesis，NEAT）、产热能力、无效益循环等几个方面的热量消耗都比较高。也就是说，即使他们不刻意运动，他们的消耗也是很大的。

这是因为这类人：

第一，基础代谢比一般人高。通常来说，身高、体重，甚至肌肉量都差不多的两个人，他们之间的基础代谢相差20%，也是比较常见的。

第二，NEAT高。我们平时除了有意识地运动之外的骨骼肌活动的能量消耗，都算作NEAT。比如，平时上下班走路、爬楼梯、站着和坐着、洗衣、做饭、收拾房间、唱歌，甚至在大笑时的肌肉活动消耗的热量，都算NEAT（当然，这不是说大笑和唱歌能减脂，只是说能帮助消耗热量）。

尽管 NEAT 的热量消耗看着不起眼，都是一个一个的碎片消耗，但累加在一起其实也不小。有的人的 NEAT 比较活跃，平时根本坐不住，一会儿干点这个，一会儿又干点那个；有的人只要有条件就喜欢坐着，甚至瘫在沙发里。这就产生了 NEAT 上的差别。

即使同样站着或坐着的两个人也能产生 NEAT 上的差别。有的人站着很松散，身体放松，坐着也是一样的松散状态，热量消耗就会少。但有的人站着和坐着都很挺拔，状态很紧张，他们的肌肉常处于收缩发力的状态，以保持身体平衡，这就让他们额外消耗了不少的热量。

通常认为，NEAT 活跃的人比 NEAT 不活跃的人，每天能多消耗 300~400 千卡热量。

第三，产热能力高。什么叫产热能力呢？就是身体把能量变成热量散失掉的能力。我们都知道棕色脂肪是一种产热组织，它能把能量变成热量散失人的体外，那么这部分能量就是额外消耗掉的。另外，肌肉也是一种产热组织，它也能把能量变成热量散失掉。有的人肌肉产热活动强，有的人肌肉产热活动弱，这也让人的热量消耗产生了差别。

第四，有无效益循环。这是一种"浪费"能量的方式，什么

意思呢？就是说在有些情况下，我们的细胞会把一个离子从细胞里面泵到细胞外面，然后再给它泵回细胞里面，这个过程并没有实际的效益，却要消耗人体热量，这就叫无效益循环。还有的人会把糖酵解（一种身体内糖代谢的生化反应）的第二步反应来回循环进行，这也没产生任何效益，同样额外消耗了人体热量。

我给这些身体中的无效益循环起了个名字，叫"细胞抖腿"。因为这与有些人喜欢抖腿一样，他们坐在那里没干别的事，光抖腿就消耗了热量。虽然热量消耗看起来不多，但是累加起来，总消耗也是很可观的。

总之，那些怎么吃就是不容易长胖的人，可能刚好以上几个方面都很活跃。

在热量摄入方面，人和人之间也有着很明显的差异。

首先，你觉得你跟别人吃的看起来差不多，实际上有可能你们吃的完全不一样。比如，你们每天中午、晚上在食堂里吃饭，看起来热量差不多，但细算起来差别还是很明显的。不同的肉菜，五花肉炒豆角和尖椒牛柳，就因为肉的选材不同，肥瘦差异，两者之间的热量就会相差几十千卡。素菜也是一样的，有的菜用的油多，有的菜用的油少，这也会产生热量摄入上的差别，并且这个差别还会很大。

其次，有的人遇到喜欢吃的东西，吃得非常多，给人特别能吃的印象，但实际上多数时候吃得很少，只不过他们在这些时候没能给别人留下深刻印象，从而被当成了吃得多但不胖的人。

所以"我感觉"是靠不住的。科学问题不能靠感觉，也不能想当然，科学问题要较真儿，就要精确和量化。一较真儿、一精确，你可能就会发现自己之前的一些疑惑是怎么回事了。大众常常会把复杂的问题归于一个简单的原因，某人肌肉练得好是因为牛肉吃得多，某人考上名牌大学是因为爱吃核桃，某人活了100岁是因为喜欢喝山泉水等，这种单因素思维，常常让我们看不到事实和真相。世界是复杂的，一个问题往往是多种因素共同作用的结果，了解这一点或许可以解决困扰我们已久的健身减脂的问题，从而更好地帮助我们减脂。

5. 你想不到的"负能量食物"，水的食物热效应

说起食物热效应，不免牵扯出来流传已久的伪科学——负能量食物。有人说，有些特别难消化的食物，消化过程中消耗的热

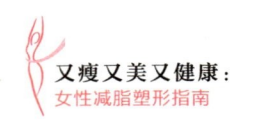

量会比食物自身热量多，这种食物会越吃越瘦。

至少从目前来看，除了水之外，世界上还没有发现其他的消化吸收食物消耗的热量比食物本身提供的热量大的食物，也就不大可能找到让人越吃越瘦的"负能量食物"。

水本身没有热量，但是喝水会产生食物热效应，增加热量消耗。比如有一项研究，给实验受试者喝了 0.5 升水。受试者喝水 10 分钟后的能量代谢水平提高了 30%，30~40 分钟之后达到峰值，之后逐渐恢复。据估算，一个人每天喝 1.5 升水，仅通过喝水增加的热量消耗一年就能达到 17400 千卡。从某种意义上说，水是目前已知的唯一的"负能量食物"。

关于喝水与减脂的关系，还有一种比较盛行的说法，就是喝冰水能减脂。这种说法认为，你的身体会先把喝进去的冰水加热到体温同等温度，这就会额外消耗热量，从而促进减脂。理论上喝冰水确实会额外消耗热量，只是身体加热冰水消耗的热量是很低的，减脂功能有限。我们都知道，把 1 升水加热 1 度消耗的热量是近似 1 千卡。也就是说，即便喝 1 升 0 度的水，把这些水加热到体温同等温度，最多也就消耗约 37 千卡热量，这对减脂来说产生的作用实在太小。

还有一种更滑稽的说法，减脂的时候喝冰水会让人减脂失败。其理由是，脂肪遇冷会凝固。但真的如此吗？多喝水是不是真的能减脂呢？目前还没有得到科学的验证，至少从理论上来看，多喝水有减脂的作用。而且减脂时，我们本身也应该多喝水，除了可能促进减脂外，还有下面三个方面的原因：

第一，减脂期间，我们食物吃得少了，平时通过食物摄入的水也会相应减少。不管是水果，还是米饭、馒头、肉类等食物里都含有一定量的水分，是我们摄入水的重要渠道。

第二，减脂的时候，一般会有更多代谢产物需要排出，而有的代谢产物需要通过排尿的方式排出体外。这就需要喝更多水，有更多溶解代谢产物的尿液。比如，减脂时蛋白质代谢会增加，人需要喝更多的水排出多余的含氮废物。人的酮体生成也会增多，这也需要喝更多的水。

第三，防止便秘。水喝不够，是便秘的明确诱因。减脂的时候，食物摄入量减少也会让粪便体积变小造成便秘。

6. 吃进去的饭什么时候变成脂肪？——"长肉时间表"

大家会对一个问题很感兴趣，那就是一顿饭吃下后是在什

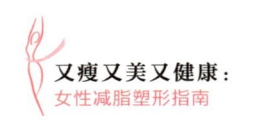

时候变成我们身上的脂肪的呢？或者，一天之中的什么时间是我们长肥肉的时间呢？

之前比较普遍的说法是，吃的饭会在每天晚上变成人身上的肥肉。因为晚上睡觉了，不活动、不消耗，饭就都变成脂肪储存了。还有一种类似的说法是，我们在活动着的时间吃进去的食物不会变成脂肪。比如在白天，我们会经常处于忙忙碌碌的活动状态，吃进去的食物很快就被消耗了，也就不会长肉了。这种说法当然也是不对的。

首先，人在睡觉的时候，尽管身体不产生活动热消耗了，但是还有基础代谢，我们的内脏器官不能停止运作，我们也要给身体保持恒定体温，这些都需要不停消耗热量。其次，人在活动着的时候消耗的热量会比躺着要高，并不代表能完全抵消我们吃进去的热量。

那么，我们到底什么时候长脂肪的呢？

图 09 的逻辑很清晰，比较清楚地描述出我们吃进去食物里的碳水化合物、脂肪、蛋白质最基本的代谢过程。我们身上的脂肪就是食物里这三种带有能量的产能营养素形成的。所以，我们要知道在什么时候长脂肪，就得先知道我们吃的这三种产能营养素是怎么代谢的。

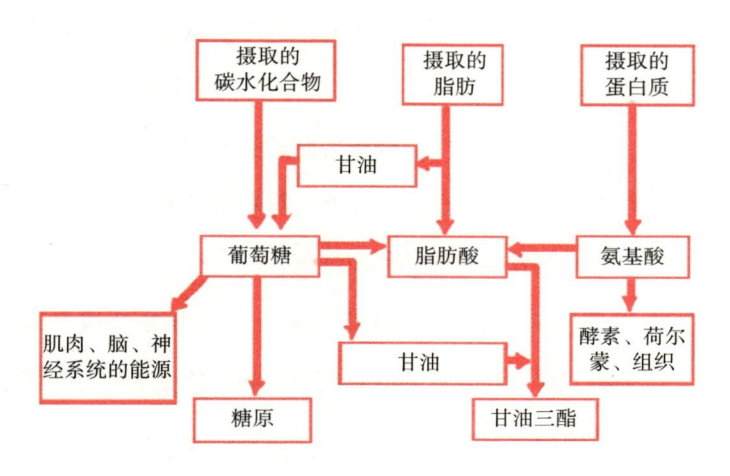

图 09　三大营养素的代谢

首先，食物当中的碳水化合物会以葡萄糖的形式被我们吸收利用。葡萄糖会变成什么呢？由图 09 可知，首先是产能，转化成能量供身体利用。比如，肌肉、大脑和神经系统等，我们身体的很多其他细胞，会消耗葡萄糖。同时，葡萄糖也会变成糖原储存起来，包括肝糖原和肌糖原，这都是我们身体储存的糖类。其中，肌糖原会在我们产生强度的运动时被人体转化使用，肝糖原主要是为了稳定人的血糖。

剩余的葡萄糖，会变成脂肪（肥肉）储存起来。当然，被储存起来的葡萄糖，可以直接转化成脂肪酸，再由脂肪酸变成身体的脂肪。或者合成甘油，甘油再参与脂肪合成的过程。我们身体

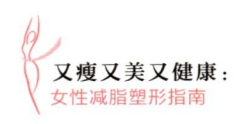

的脂肪，本质上就是甘油三酯。而甘油三酯，就是一个甘油带上三个脂肪酸。

其次，我们来分析一下食物里的脂肪是怎么代谢的？

我们吃进去的脂肪，会被消化系统分解成甘油和脂肪酸。

最后，我们再看蛋白质的代谢情况。

蛋白质会分解成氨基酸被我们吸收，主要用来合成身体组织和一些激素、酶。如果氨基酸有剩余，剩余的氨基酸会变成脂肪酸。也就是蛋白质吃多了，超过人体所需的量，也可能转化为脂肪。

有的读者可能注意到了，在脂肪酸变成肥肉的过程中，需要甘油，而甘油是葡萄糖变的。那是不是我们不吃碳水化合物，身体就不会有甘油，没有甘油，我们就不会有脂肪，也就不会胖了呢？当然不是这样。即便我们完全不吃碳水化合物，身体里也不会没有葡萄糖，因为我们还可以糖异生（身体将多种非糖物质乳酸、氨基酸及甘油，转变成葡萄糖的过程）产生葡萄糖。我们的肝脏也可以直接合成甘油三酯，然后运输到脂肪组织储存成脂肪。因为这条路径是脂肪的重新合成，这在图09中没有体现出来。另外，在肝脏合成甘油三酯的过程中，身体就会利用脂肪分解产生的甘油了，因为我们的肝脏里是有甘油激酶的。总之，即便完全不吃碳水化合物，我们吃进去的脂肪该变成肥肉，还是会变成肥肉的。

最终，我们吃的食物里的碳水化合物、脂肪、蛋白质都有可能变成脂肪。当然，最主要的变成我们身上脂肪的食物，还是我们吃进去的脂肪。因为食物脂肪储存成身体脂肪效率最高，浪费的能量最少。也就是说，碳水化合物或者蛋白质，并不擅长变成脂肪储存能量，食物脂肪是最适合储存成能量的。

那么，我们吃进去的饭，变成我们身上的脂肪，是发生在什么时候呢？答案很简单，就是在饭后。

图 09 中的所有过程，大部分都是发生在饭后的几小时内。我们吃进去的食物，会马上开始进行消化、吸收、代谢和利用。不管是消耗食物里的碳水化合物，还是用食物里的蛋白质合成身体组织，或者把食物里的脂肪储存成身体里的脂肪，往往发生在饭后 2~4 小时。当然，脂肪消化吸收、代谢的速度会慢一些。如果在一顿饭里，我们吃的脂肪比较多，那么这顿饭变成肥肉的时间会延长。

下面我就给出一个粗略的"长肉时间表"（见表 10）。

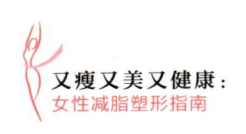

表 10　长肉时间表

进餐时间	长肉时间
早餐（上午 7 点）	上午 9—11 点
午餐（中午 12 点）	下午 2—4 点
晚餐（下午 6 点）	晚上 8—10 点

可以这样认为，什么时候长肉，取决于你什么时候吃饭。你早餐上午 7 点吃，长肉的时间大约就是上午 9—11 点；午餐中午 12 点吃，长肉的时间会在下午 2—4 点；晚餐下午 6 点吃，长肉的时间会在晚上 8—10 点。如果你在一天中吃的不是 3 顿饭，而是 5 顿饭，那么你就有更多时间点是在长肉。但是，长肉不等于长胖。

由此，人们容易产生一个错误推理：既然我们通常会在饭后 2~4 小时长肉，是不是我们在饭后 2~4 小时运动就不会长胖了？只能说运动有利于我们不长胖，但不限于饭后运动，也可以在其他时间运动。因为我们胖不胖，取决于我们吃进去的饭变成的脂肪与我们消耗掉的脂肪之间的差值。打个比方，你发了工资并不意味着你会有存款。是不是有存款，往往取决于你发的工资与你花的钱之间的差值。

另外，人们容易产生第二个错误推理：如果增加餐次，多吃几顿，长脂肪的时间就更多了，我们是不是容易长胖？当然也不对。人会不会胖，不是看长脂肪时间的长短，而是看长的脂肪的总量。哪怕你一天只吃1顿饭，如果热量摄入足够高，长肉的总量超过消耗掉的肥肉，你还是会胖的。

我们减脂，不能只关注是否长肉，还要关注脂肪的消耗情况。事实上，时时刻刻都有脂肪合成在我们身上，我们的身上也有各种能量消耗同时在进行，最终的胖瘦就取决于哪个多哪个少。也就是说：减脂，要看一天的热量平衡，看热量摄入和热量消耗哪个更多。总热量消耗超过总热量摄入时，我们就会瘦。反之，则会胖。

7. 太忙，就不能实现减脂饮食了吗？也有办法

很多女性在学习减脂时，想弄明白一个问题：我该怎么吃？弄明白了怎么吃，随之而来的另一个问题是：我怎么能实现这个怎么吃？

其实，减脂饮食最难的，也是最重要的就是吃对东西，那就是吃该吃的食物。你整天吃甜点、快餐、大油炒菜，想减脂几乎

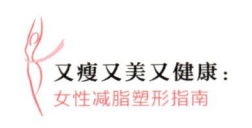

不可能。当然，如果这些东西吃得特别少，控制住热量摄入量，人也会瘦。但问题在于，这些东西味道浓郁，很好吃，极大地刺激了我们的食欲，很容易吃多了。另外，这些东西的热量密度都很高。简单地说，就是单位重量的热量很高。要想减脂，只能吃得特别少，这就让人很难吃饱，人时常处于饥饿的状态下，减脂就很难坚持下去。

科学合理减脂的核心原则之一——不能总靠意志力支撑。对忙碌的现代女性来说，总靠意志力支撑的减脂根本不能长久，早晚会破防，让减脂的努力功亏一篑。减脂，当然要有一定的意志力，在开始减脂的一小段时间里，比如减脂的前两周，需要靠意志力把之前不健康的饮食习惯，过渡为健康可持续的减脂饮食习惯。即便在最初的这段时间，我们也希望能付出最少的意志力，达到最大的减脂效果。所以，挨饿肯定是不可取的。熟悉我的读者都知道，我有很多系统的减脂方法，是不让人挨饿的。大家都知道，很多高热量的食物有个共同的特点，就是营养低，有很多"空热量"。所以吃高热量、高密度的不健康的食物减脂，也容易吃不够人体需要的营养素。

能自己做饭吃的人，减脂相对来说会简单一点。不能自己做饭吃的人也不用紧张，其实在你身边隐藏着非常多减脂时可以吃的健康美食，只不过你还没学会怎么去把它们找出来。这是因为通常我们说起减脂时，大家容易把思路局限在水煮菜和鸡胸肉上，除此之外就不知道自己该吃什么了，让自己走入减脂饮食的两个极端——要么单调且不好吃，要么高油、高糖、高热量，这肯定是减不下去。

我曾经指导的一个减脂者在外出旅行的半个月里面，让自己瘦下来了不少。她怎么吃呢？比如她会去吃小火锅。大家可能会想，小火锅怎么可能减脂？其实可以。火锅、串串香，还有些自助烧烤类的美食选用的食材，往往都是比较清淡、健康，且原生态的，而且品种多样，蔬菜、粗粮、菌菇、低脂肉类、海鲜等，能极大可能地确保营养全面均衡。不健康的主要是火锅的汤底和蘸料，这些东西很油。

所以，去火锅店时，如果选择清汤、菌菇汤等清淡的汤底，同时选择海鲜汁、醋汁、低油酱汁等清淡的蘸料，完全可以吃一顿清淡、健康而且能减脂的火锅。当然，这时你想吃点辣的是可以的，比如你可以用辣椒汁、辣椒碎，或者辣椒粉蘸着吃。很多辣味的食物热量高，是因为用了高热量的辣油、辣酱。串串香、自助烧烤等美食与火锅，也是同样的道理，只是不宜多吃。

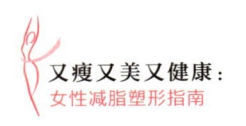

减脂版火锅的口感可能不如那些热辣的火锅好吃。但也要看你怎么理解"好吃"这两个字,浓烈的口味确实会让人吃着过瘾,但是反过来想一想,你吃的是食材,还是调料呢?现代饮食的问题在于,我们越来越忘了食物的本味,我们的味觉被越来越浓烈的调味毁掉了。不断地追求油腻、刺激的味道,这不仅不利于我们的健康,也会让我们发胖。

其实很多食物的本味就很好吃,在我的减脂指导班里,大家常反馈的感受就是:能吃出食物本来的味道了,而且他们觉得很香、很满足。只要认真努力,大家都能体会到这种感受。我想,到了那个时候,你吃东西的幸福感没有变,但是你的饮食变得健康了,你还可能瘦下来,这是多好的事。**把已经失去的味觉找回来,这其实是一种能力。**

那么,怎么发掘我们身边的健康减脂食物?很多餐馆都能点出几样清淡的、低热量的菜,比如清炒的、白灼的、蒸的、炖的等,都可以满足我们的减脂需要。我指导过的很多减脂者,他们天天点餐,却瘦下来了,就是因为他们知道该点什么吃。比如,有些日料店,会有很多清淡的食物,尤其是各种清淡的肉类;一些粥铺、蒸煮餐馆里,也有很多健康的粗粮、蔬菜等;一些专业的轻食店里,从粗粮、蔬菜,到肉类、蛋类等都有;很多便利店里，有加工好的沙拉、玉米、薯类，还有很多打开包装就能吃的、健康的即食食物，有主食、肉类、蛋类，品类齐全，味道也很好。

即使平时以吃食堂为主的人，也能吃出健康，吃出瘦。我专门到学校、国企、私企等不同类型的一些食堂做过调研，发现现在大多数食堂有 20% 左右的食物适合我们减脂的时候食用，关键要用心把它们找出来。

其实减脂的时候能吃的东西是很多的，就看会不会选，这也是一种能力。有了这种能力，不管平时上班，还是出差游玩都不用怕了，问题在于你要知道怎么找到健康的食物让自己吃得瘦。这时候你才会对自己的身材进行调控。

能自己做饭是很好的减脂条件，一定要利用好。减脂不需要很会做饭，重点是在营养均衡全面的基础上适当减少热量摄入。具体来说，减脂需要的是"吃对东西用对油"。首先，你要吃对食材——营养密度高、热量密度低。当然，这个问题好解决（参考本章第 10 小节的"减脂食物库"）。其次，就是不要超量用油。你要在满足这两个条件的情况下，把食物做熟，同时尽可能做出自己喜欢的口味。除了油炸不可以，煎、炒、煮、炖、烤、微波等，都是减脂允许的做法。

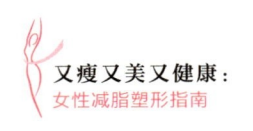

又瘦又美又健康：
女性减脂塑形指南

很多人担心，一家人一起吃饭，我减脂别人不减脂，那是不是需要单独给自己做一份？其实不需要。比如主食，如果这顿吃米饭（注意，米饭是符合减脂要求的），下顿就可以选择"减脂食物库"里的其他主食。毕竟"减脂食物库"里的主食都是健康的，不但你可以吃，家人也可以吃。在肉、菜方面也是一样，不用单独给自己准备，就是在自家的餐桌增添一道健康的菜就行。这道菜你可以吃，家人也可以跟着一起吃，只要你不去吃餐桌上那些不符合减脂要求的菜就可以。

你的家人慢慢地也会习惯跟着你一起吃健康的食物，他们瘦了，受益了，也有可能越来越喜欢健康饮食。人的口味都是可以变的，油腻的东西吃着舒服，但吃完未必舒服。有时候我们的嘴"很坏"，它通常喜欢那些味道浓郁却不太健康的食物，但身体会告诉我们答案，它会告诉我们吃进去的食物哪些是好的，哪些是不好的。我指导过很多减脂者，他们都是跟家人一起吃饭，不但自己瘦了，家人不知不觉也跟着一起瘦了，还健康了。

吃对东西，就为你的减脂开了个很好的头。有的人觉得，减脂一定要自己能做饭、会做饭，要天时地利人和事事齐备才行，这样想的话，恐怕什么时候也无法开始减脂。要想减脂，哪怕你平时忙到一周至少有2天时间应酬,都有可能减脂成功。减脂就是生活,就是你不一定万事俱备,只要你有个开始。

8. 正在减脂中,馋了怎么办

在减脂的过程中,馋了想吃好吃的了,怎么办?

减脂的时候,难免偶尔会想吃高油、高糖、高热量食物。但大家一定要明确:要想减脂效果好,这类食物还是能不吃就不吃。有的同学可能会想,不是说可以在减脂的时候吃"欺骗餐"吗?其实所谓"欺骗餐"本身并不是由科学界提出来的一个办法,这是一种民间的减脂手段,有不少想当然的成分,切勿轻信,不吃"欺骗餐"完全不影响我们健康减脂。

"欺骗餐"最主要的问题不在于它的热量,而在于它会打乱我们饮食习惯的调整节奏。胖在很大程度上是因为饮食习惯不健康,被高油、高糖、高盐类的食物控制,这有点像酒瘾,人不喝就受不了。其实,肥胖人群中的很多人往往有饮食成瘾的问题。当食物不再是为我们提供能量和营养的东西,而成为让我们上瘾的东西时,人自然而然就会变胖。目前学术界很明确地指出了容

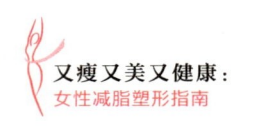

易让人成瘾的饮食主要有三大类：高油、高糖、高盐。要戒掉对高油、高糖、高盐这类不健康食物的瘾，核心的方法就是一段时间不接触这些不健康的东西，与戒烟、戒酒的道理是一样的。这是成瘾机制使然，就是我们接触不良的成瘾物质的时候，大脑会体验愉悦感，从而让我们依赖于这种坏东西。如果我们一段时间不接触它，这种依赖就会慢慢消退。我们好不容易不吃那些让人易成瘾的高热量食物，刚刚培养出来好的饮食习惯，这时候来一顿"欺骗餐"，再次接触成瘾食物，很容易前功尽弃。

一个人如果三四周完全不接触成瘾食物，就很有可能不会再馋那些高热量的东西了，饮食也会变得更健康，减脂也就更顺畅。如果这期间忍不住接触几次成瘾食物，那么你可能需要更久的时间戒除食物成瘾，你的饮食调整就会更辛苦一些。而且，这也会影响你的减脂。如果频繁地接触成瘾食物，你的饮食成瘾也就很难彻底治好了。

在减脂期间完全不接触高热量的成瘾食物不现实，但是我们一定要尽可能地控制自己不去接触。我们工作中难以避免会有很多应酬，客户专门点的特色菜是一定要吃的，但是我们可以控制自己少吃两口。这与我们自己馋了，想吃高热量食物并主动进食的行为不同，毕竟工作是生活的有力保障。

在生活中，我们一定要克制，能不吃就不吃。我们瘦了、健康了，受益的是我们自己。仅仅是馋了想吃高热量食物，这里有一些小技巧需要掌握。

第一，克制，还是克制！尼采说："那些杀不死我们的，都能让我们更强大（That which does not kill us makes us stronger）。"减脂的时候尤其是这样。一开始的时候，我们克制住一次，我们对高热量食物的抵抗力就能明显地提高一个层次。有这么两三次，你就能较好地控制你的馋虫，而且越往后效果越好，慢慢地你就不需要为馋虫而烦恼了。

第二，减脂期间，尽可能不去接受高热量食物的刺激。比如，尽量不要去看网络"吃播"，不要去看美食图片，这些会勾起你的馋虫，那干脆眼不见为净。当然，有的人可能比较特殊，我也遇到过看"吃播"反而会解决自己嘴馋的问题的人。对于他们来说，看到等于吃到。这种情况不常见，我们绝大多数人是做不到这样的，还是尽量眼不见为净。

第三，转移注意力。在馋了的时候，可以做点别的事分散一下自己的注意力。尤其是运动，对控制嘴馋有很好的效果。

第四，拖一拖可能就不馋了。如果馋了尽量拖一拖，别马上就去满足自己。建议给自己15分钟的冷静期，过15分钟再说。

我们用这 15 分钟，好好想想自己要不要吃。这个技巧很好用，一般都能解决减脂时嘴馋的问题。人是这样的，有欲望的时候，一定要给自己一点冷静的时间。人一冷静，问题可能就解决了。最怕你一馋就吃，一吃就后悔。这样下去，你什么时候才能减下来呢？

第五，重视每天的三餐和两次加餐，更不要减少餐次。加餐很重要，这样可以让你的食欲稳定，你就能更好地控制你的馋虫。

第六，要给自己做心理建设，坚定你的减脂信念，怎么做呢？面对高热量不健康的食物，你越是犹豫，你就会越馋。干脆下决心，你就是不吃！或许很快你会发现，你的馋虫"投降"了。

减脂就是这样，你执行严格、干脆，很快就会进入正轨，你在这个过程中就会少吃点苦。你越是执行得不好，今天吃一点减脂食物库以外的食物，明天也吃一点；今天吃撑一次，明天吃撑一次，老是在犹犹豫豫中进行，反而会让你在减脂过程中吃更多的苦，减脂效果还不好。要果断地对那些不利于你健康的食物、诱惑你的食物说不！

9. 能从 1 数到 30，就能减脂的简单技巧

接下来，我给大家介绍一个非常简单实用的减脂小技巧。只要你能从 1 数到 30，这个小技巧你就会用。如果持续地认真去做，这个方法是真能帮你明显降下来一波体重的，对你减脂成功产生很大的推动作用。

这个小技巧最早是由日本学者提出的，之后一直被深入研究和应用。它得到学术研究人员的支持，是学术界认可的对于肥胖有效的行为疗法。而且，从我的减脂指导经验来看，这个技巧也非常管用，我做减脂指导也有几万人次了，一直在用它。

这个小技巧看着是很不起眼的，有些人也应该略有耳闻，操作更是简单：你吃进去的任何一口食物，都要在咀嚼 30 次后再咽下去。开始时需要你刻意地数一数，一段时间形成习惯之后，就不用去数了。

这跟我们的食欲有关，是一个进食调控的问题。人的食量都是有限的，吃了一种食物就可能吃不下另外一种食物。比如你吃了太多低热量的食物，你可能就吃不下高热量食物了。然而，无法储存足够多的能量，在过去物资匮乏的生存环境当中就有可能活不下来。

所以，人类进化出了复杂的进食调控机制，食欲受到很多生理信号的影响。比如来自大脑的信号，下丘脑中的神经递质系统可以通过复杂的神经递质体系来调节我们的食量，决定我们是要吃，还是不吃，吃多少才能停下来；比如来自胃肠道的信号，胃肠道会分泌胃肠激素，控制我们的进食行为，胃部的膨胀程度会告诉我们吃了多少东西，而肠道会感受我们接受了多少营养物质；我们通过饮食吸收的能量物质，一般都会经过肝脏，这就是进食控制理论中的"肝脏稳态"理论；脂肪组织，也能调控我们的进食行为；内分泌方面的调控机制，比如脑胰岛素对食欲也有调节作用。

这些复杂的调节机制，彼此之间是有联系的，它们是一个系统。但是，调节食欲还有一个很重要的地方就是嘴，来自口腔的信号会很强烈地调控我们的食欲。比如我们吃到好吃的食物，会产生强有力的"口味奖赏"信号，刺激我们食欲大增，甚至让我们停不下来。食物的咀嚼次数，也是一种进食调节信号。很多研究发现，**增加咀嚼次数，会更快地产生能让我们停止进食的饱腹感信号，避免我们摄入过多热量。**

所以，学术界发展出了围绕咀嚼治疗肥胖的行为疗法。当然，咀嚼次数的要求不一定一样，有的要求是 20 次，有的要求是 25 次，甚至还有 40 次的，但是结论是统一的——提高咀嚼次数，是可以减少热量摄入达到减脂目的的。曾有英国学者研究发现，聆听自己的咀嚼声音，也有助于减脂。这其实也是利用复杂的进食调控机制调控热量摄入的。

把入口的每一口食物咀嚼 30 次再咽下，这里的"30 次"是我做减脂指导比较常用的咀嚼次数。在指导减脂中我发现，咀嚼次数太多或太少，都不利于我们执行。30 次比较平衡，效果也不错。

大家可能会觉得这么吃东西比较费时间，这其实是一个观念的问题。很多人觉得，减脂必须要有一个完美的解决方案才行。他们希望在减脂的过程中，最好不要影响他们做任何事，还能想什么时候吃就什么时候吃，这是不可能的。如果确实比较忙，你可以尽可能地调整时间，给自己多留出一点吃饭的时间。狼吞虎咽不利于减脂，更不利于身体健康。

我们必须要在工作和健康之间找到一个平衡，某些时候工作忙到一口食物咀嚼不了 30 次，也要尽可能地多咀嚼，哪怕咀嚼 20 次也好。而且，很多时候工作忙往往是我们为自己找的一个借口。没有人逼我们减脂，不要找借口不去努力。哪怕减脂条件再不好，只要想努力，都能瘦下来。很多人减脂失败，无非欠自己一次

认真的尝试。

如果要讲深刻一点,其实一口食物咀嚼30次,是为了让我们的生活节奏慢下来,要少追求一点感官的快感,多关注人生的幸福。这很像心灵鸡汤,却是一个很有用的道理。我们都知道,快不见得是好事。生活节奏快了,看起来得到了更多,其实我们失去得更多。而在减脂方面,我们的节奏越快,压力就越大,我们就会吃更多的东西缓解压力,减脂就越难。狼吞虎咽吃东西,追求快速吞咽,也是在追求"多"。因为这样吃东西更过瘾,让感官愉悦,所以我们会吃更多,毛病通常就跟着来了。慢性病的根源往往是肥胖。

总之,减脂要用心,不仅仅是努力,还要多做一些深刻的思考。其实减脂中蕴含着很多深刻的人生哲理。把这些问题想明白了,配合好的减脂方法,减脂就能事半功倍。

10. 女性减脂专用——简单好操作的 XS 减脂法

女性减脂跟男性有很多不同,是不是应该专门为女性设计一套减脂方法呢? XS 减脂法,就是一套我专门根据女性减脂的特点设计的女性减脂方法。男性也不是不能用这套方法，如果能够严格执行下去，同样会有不错的减脂效果。毕竟减脂的核心原则，男女都是一样的。

现在女性的压力很大、很忙，那些操作特别复杂的减脂方法不太适用于她们。我的这套 XS 减脂法针对这点进行了设计，尤其适合平时没有太多时间和精力执行非常精确的减脂方法的女性。

这套减脂方法不区分体重基数，大部分女性都可以使用。但体重超过 90 千克的大基数女性，或体重轻的小基数女性，都不是非常适合 XS 减脂法。因为 XS 减脂法，是为忙碌的现代上班族设计的，它使用了模糊摄入的方法。这种方法的好处是简单易操作，且不费事、不费力，但是它的缺点是计算不太精确，对于比较特殊的女性人群就不是特别适合了。

另外，任何减脂法都是针对健康人群设计的，有基础疾病的情况就会复杂一些。那么，有基础疾病的女性，想执行 XS 减脂法怎么办呢？首先，要看你的基础疾病是否可以限制热量摄入。也就是说，看你适不适合减脂。如果你的身体条件允许减脂，也要在不违背医生忠告的饮食禁忌的情况下，执行 XS 减脂法。

XS 减脂法有特殊的地方，或者非常规的地方，但是，"非常规"不代表执行难度大，只要我们在习惯上稍微做出转变。

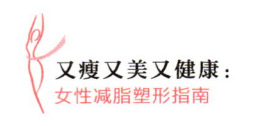

XS减脂法主要有三部分：

XS减脂法的第一个部分：首先，XS减脂法有一个减脂食物库（见表11），里面有不同种类的食物，是我们减脂时可以吃的食物。使用XS减脂法的时候，尽可能吃这个食物库里面的东西，不吃食物库以外的食物。你越是遵守严格，你的减脂效果会越好，一定不要给自己"放水"。其次，XS食物库里面的食物种类很多、选择很多，都是平时我们容易获得的食物。非常适合那些自己会做饭的女性，那些不能自己做饭，平时以吃食堂、点外卖为主的女性，也能在这个食物库里找到相应的可以吃的减脂食物。

XS减脂法的第二部分：它就是一份"万能饮食结构食谱"，这份食谱不是大家平时看到的那种典型的食谱。这份食谱只规定了每顿饭必须吃的食物，和不限量吃的食物。按照这份食谱的要求去吃，你就可以获得一个合理的饮食结构。它操作简单方便灵活，但减脂效果很好。

XS减脂法的第三部分：它是几项饮食减脂原则。

总之，在我设计的这套XS减脂方法中，食物库会告诉我们吃什么，食谱会告诉我们吃多少，饮食原则会告诉我们怎么吃。所以，XS减脂法，就是结合饮食原则和饮食结构食谱，去吃食

表 11　减脂食物库

主食（自己的拳头 1 拳 =1 份；即食食物 1 包或者 1 罐 =1 份）	白米饭、糙米饭、小红薯、小紫薯、细铁棍山药、小芋头、普通大南瓜、任何品牌即食玉米段（甜、糯皆可，100 克 / 包）、任何品牌即食玉米粒（60 克 / 包）、任何品牌无糖即食粥
水果（自己的拳头 1 拳 =1 份）	桃、葡萄、橙子、橘子、柚子、李子、杏、青梅、杨梅、草莓、蓝莓、小芒果、木瓜、杨桃、香瓜、樱桃、莲雾、菠萝、枇杷、哈密瓜、白兰瓜、西瓜、芭乐、百香果、苹果、火龙果、树莓、红莓
蔬菜（自己的拳头 3 拳 =1 份）	白萝卜、樱桃萝卜、西红柿、小西红柿、甜椒、青椒、菜瓜、佛手瓜、节瓜、黄瓜、小白菜、娃娃菜、油菜、小油菜、鸡毛菜、紫甘蓝、绿甘蓝、西兰花、菜花、芹菜、生菜、空心菜、芦笋、莴笋、芥蓝、鲜香菇、草菇、平菇、菠菜、冬瓜、西葫芦、茄子、苦瓜、蛇瓜、抱子甘蓝、丝瓜等蔬菜，以及水发木耳、鲜木耳、任何品牌健康脱水蔬菜、任何品牌无酱料即食蔬菜沙拉
肉类（自己的拳头 1 拳 =1 份；即食食物 1 包或 1 罐 =1 份）	羊里脊（其他里脊不可）、牛羊蹄筋、牛肚（其他肚不可）、鸡鸭胸肉、火鸡胸肉、鸡鸭胗、各种动物血、虾或虾仁、龙利鱼、巴沙鱼、贝类肉、黄鳝、罗非鱼、石斑鱼、沙丁鱼、海蜇、鱿鱼、任何品牌健身减脂即食鸡胸肉（不超过 80 克 / 包）、任何品牌水浸金枪鱼罐头
蛋奶	全鸡蛋、鸡蛋清、即食鸡蛋、即食蛋清罐头、脱脂牛奶、无可见固体添加物（比如：果粒、果仁、麦粒等）的原味酸奶
调味料和其他	盐、鸡精、酱油、醋、蚝油、料酒、葱姜蒜、辣椒粉、胡椒粉、孜然粉、五香粉等香料粉或香料、任何品牌 0 脂肪调味酱料、水、自己泡的茶水、黑咖啡、维生素矿物质等膳食营养补充剂、所有 0 卡饮料、无糖口香糖

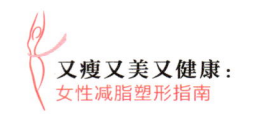

物库里的食物的方法，就这么简单。

XS 减脂法的第一部分：减脂食物库

在这个减脂食物库里，分了主食、水果、蔬菜、肉类、蛋奶类、调味料类和其他类，一共 6 个大类食物。如何使用这份减脂食物库，我简单说明一下：

（1）怎么衡量这些食物的多少呢？都是按"份"来衡量的。大多数食物，用自己的拳头去衡量，1 拳 =1 份或 1 包 =1 份，也可以 1 罐 =1 份，详见表格里的标注。

（2）在减脂时，很多健康的即食食物是可以吃的，这样获得食物就很方便了。但要注意，即食食物的包装分量有的特别大，一包肯定超量了。比如主食，即食玉米段 1 包不超过 100 克，即食玉米粒 1 包不超过 60 克。

（3）在主食类中的食物，红薯、紫薯、芋头都要选小个的，不能选大的。大小大致 1 拳的样子，这是正好的 1 份。

（4）水果是鲜果，水果罐头、果汁之类的食品不包括在内。

（5）调味料的使用原则上不限量，但要尽量少用，最好培养清淡的饮食习惯。

XS 减脂法的第二部分：万能饮食结构食谱

食谱规定，我们每天要吃早、午、晚三顿饭，不能减少餐次。不但一天三顿饭都要吃，并且最好规律地按时饮食。在每天的三餐以外，早饭、午饭之间，午饭、晚饭之间，最好各安排一次小加餐。具体的食谱如表 12 所示。

表 12　万能饮食结构食谱

早餐	加餐	午餐	加餐	晚餐
1 份水果、3 个蛋清、250 毫升脱脂奶、1 份主食＋不限量部分	1 份水果、100 毫升酸奶	1 份水果、3 个蛋清、1 份蔬菜、1 份主食、1 份肉类＋不限量部分	1 份水果、100 毫升酸奶	2 份水果、3 个蛋清、1 份蔬菜、1 份主食、1 份肉类＋不限量部分

XS 减脂法的第三部分：饮食原则

（1）两次加餐是固定不变的。

（2）在早、午、晚三餐当中，万能饮食结构食谱里的红字部分是必须吃的。也就是说每一餐优先吃够必吃的食物，具体吃哪种食物，可以到食物库挑选。

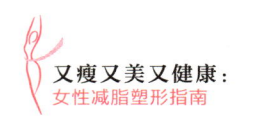

（3）必吃的几类食物，不能混在一起吃，每一类食物都要单独吃，吃完一类再吃一类，先吃哪类、后吃哪类没有要求。比如，你午餐可以先吃1份水果，再吃1份主食，然后再吃别的必吃食物，这个顺序无所谓，但要注意每一类食物都要单独吃，吃完一类再吃另外一类。这样有利于改变不良饮食习惯，也可以控制进食量，自然地规范热量摄入。

（4）不限量部分，可以选食物库里任何自己想吃的食物，绝不能吃食物库以外的食物。

（5）这一条最重要：任何一顿饭，吃饱就马上停下来，一定不能吃撑！觉得自己可吃可不吃，就要停下来了。多数情况下，大家都能吃得下万能饮食结构食谱里的红字食物，不限量部分就是弹性饮食部分，是为适应食量相对大些的减脂者设计的。总之，因为有弹性饮食部分，每一餐都可以吃到饱，不用挨饿。

刚用XS减脂法的时候，食量一般会有明显下降。有时候都吃不完红字规定的食物，大家不用担心，哪怕吃得少，也要注意吃得饱。7~10天之后，食量就会改变，会适当提升，最终会波动到自己最理想的食量上。

（6）执行XS减脂法时，吃任何食物都要细嚼慢咽。吃东西的时候不能看视频、看书、听音频，要把注意力集中在食物的味道上，好好地品味。

（7）全天的植物油不能超过20克。自己做饭的话要称一下，看看20克油大概有多少，再用的时候心里就有数了，不用每次都称。吃外卖、吃食堂的女性，要注意太油腻的菜是不可以吃的。

XS减脂法难度不大，但比较特殊，一开始肯定要有一个适应的过程，任何减脂法都是这样的。所以，一定要认真持续地执行一段时间，才能看到效果。执行三五天觉得不习惯就放弃了，那肯定不会有任何效果。

如果你真的想要瘦下来，一定要认真执行2~3周的XS减脂法。只有做到位，你才能发现它的神奇之处。它不仅帮你减脂，让你瘦下来，还能让你的饮食习惯发生改变，你的食欲会降低、口味会变清淡，以前喜欢吃的高热量食物，现在可能不那么喜欢吃了，这对减脂是最重要的。

减脂的目的，仅仅是让自己瘦下来，那不能算减脂成功。如果减脂结束后，你还对高热量食物疯狂迷恋，这种瘦是无法巩固并持续的，你一定还会复胖。你不可能永远靠意志力让自己不吃那些高热量的东西，只有食欲降低了、口味清淡了，对高热量食物不再依赖了，你才能真正减脂成功。XS减脂法就是这样一套方法，它可以让你终生使用，因为它为你提供了非常健康

的饮食结构。

最后提醒一点，坚果和豆类不包括在食物库以内，也就表示这些食物在执行 XS 减脂法期间是不可以吃的。在减脂成功后是可以吃的，但不建议吃太多。一般来说，每天可食用 10 克左右坚果、20 克左右豆类即可。

第四章

女性减脂的
底层逻辑——运动篇

减脂的核心是饮食控制。其实运动也有很好的减脂效果。更重要的是，养成规律的运动习惯，对保持减脂成果很有帮助。

　　所以，我建议大家在减脂期间，尤其是减脂后期，培养自己的运动习惯。在减脂成功后，饮食控制过渡到比较轻松的阶段时，再用运动保持住良好的减脂效果。

　　关于运动减脂，我们要从底层逻辑讲起，多讲核心的知识。掌握了底层逻辑，你才能真的学会减脂、掌控减脂，不被网络上各种减脂说法遛得晕头转向。

　　在讲底层逻辑的过程中，我也穿插讲一些实用的知识点，解决你在运动减脂实践中的困惑。

1. 什么运动消耗糖，什么运动消耗脂肪

人的生理活动、肌肉收缩，都要消耗能量，能提供这些能量的主要物质是我们身体里的糖、脂肪、磷酸肌酸和蛋白质。

通常情况下，蛋白质供能比例很小，只有在一些比较特殊的情况下，蛋白质供能比例才会提高，所以我们暂时不管它。为我们做高强度运动供量的是磷酸肌酸，也比较特殊，就不做特别详细的讲解。这里主要讲平时为我们供能的物质——糖和脂肪。

首先要强调一点，不管我们的身体是在运动，还是在不运动的时候，所有能量物质都是同时提供能量的，只不过不同的

能量物质提供能量的比例不同，几乎不存在只利用某一种能量物质的运动。

那么，我们身体是怎么选择能量物质的利用比例的呢？或者，不同的能量物质在为我们提供能量方面有什么差别呢？以糖、脂肪、磷酸肌酸这三种最主要的能量物质来说，它们供能最主要的差别，就是速度不一样。

我们身体需要能量的供能速度不一样，有的时候需要得很慢，比如：我们散步单位时间需要的能量很少，细胞会用很慢的速度合成三磷酸腺苷（Adenosine Triphos Phate，ATP）；快跑的时候就需要细胞有快速合成 ATP 的能力，也就是快速为肌肉提供能量的能力。

在三种主要的能量物质中：磷酸肌酸供能速度最快，在身体特别急需能量的时候主要靠它，是人在高强度运动时的主力供能物质。比如：50 米冲刺、100 米冲刺、挺举、铅球、跳高等，这类持续时间很短，又非常需要力量的运动主要靠磷酸肌酸供能。

糖的供能速度第二，是中高强度运动时的主要能量来源。脂肪供能速度最慢，平时不怎么急需能量时或低强度运动时主要靠脂肪供能为主。

这三种能量物质供能时还有一个差别，就是需不需要氧气。磷酸肌酸供能是不需要氧气的，可以无氧代谢产生能量。糖可以有氧代谢产生能量，也可以无氧代谢产生能量。糖无氧代谢产生能量的过程，叫作糖酵解；糖有氧代谢产生能量的过程，叫作糖的有氧氧化。脂肪只能有氧代谢产生能量。

无氧代谢产生能量，不需要氧气，就省下了血液循环给肌肉输送氧气的过程，所以，无氧代谢产生能量的速度要比有氧代谢快很多。我们平时说的有氧运动、无氧运动，其实就是看供能方式，以有氧代谢为主供能的运动就是有氧运动，以无氧代谢为主供能的运动就是无氧运动。

持续时间非常短、强度特别高的运动，以磷酸肌酸无氧代谢为主要供能方式，属于无氧运动，比如100米冲刺、举重、铅球等类运动。而持续时间从10秒到2分钟、强度也很高的运动，无氧代谢比例也很高，也属于无氧运动，比如200米、400米等增肌力量训练。这些运动主要消耗糖，属于糖无氧代谢（糖酵解）为主要供能的运动。

持续时间很长的运动，强度会低一些，比如越野跑、竞走、长跑，会以有氧代谢为主，消耗脂肪的比例会很大，属于有氧运动。

当然，我们平时对有氧运动和无氧运动的区分也不是非常精

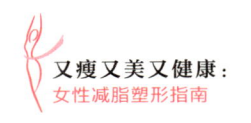

确，有些我们习惯上称作有氧运动的运动强度是很高的，无氧代谢比例也会很高，比如有些有氧操本质上是无氧运动，但我们习惯上叫它有氧操。其实也无所谓，只是一个习惯问题。

了解了这些差别，我们就很容易理解，什么运动消耗脂肪，什么运动消耗糖。总之，供能方式、供能速度不一样，消耗的供能物质会有所不同；在运动过程中是否需要氧气，消耗的供能物质也会不一样。我们运动时，并不是只选择其中一种来用，而是几种同时都在用，只不过各自的比例不一样。运动强度低的时候，身体并不急需能量，就会选供能速度较慢的供能物质，脂肪会用得多一点，糖就会用得少一点，当然磷酸肌酸用得就会更少。而运动强度高的时候，我们的身体就会多用糖和磷酸肌酸供能，少用脂肪供能。

图10中的横轴是运动强度，这里用最大摄氧量的百分比来表示，百分比越高，运动强度越高；纵轴是能量物质的利用比例。灰色线条是脂肪，红色线条是糖。随着运动强度提高，糖类的供能比例也逐渐提高，而脂肪的供能比例则逐渐降低。比如，我们慢跑时脂肪和糖的供能可能是6比4，其供能以脂肪为主；如果跑快一点，供能比例可能就是5比5；如果再跑快一些，其供能比例又有变化了，可能就是4比6；如果是极

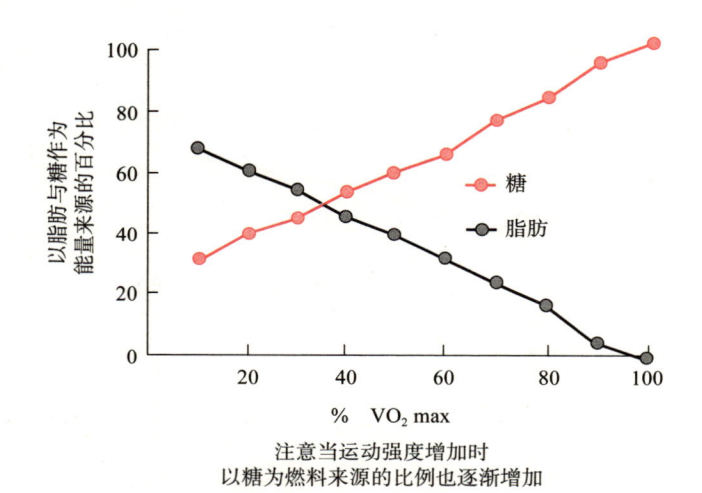

图10 人在运动时糖和脂肪的利用情况

速跑步，糖的供能占比就会变得非常大，脂肪占比就会变得非常小。

糖既能有氧供能，也能无氧供能，这两种供能方式也是同时进行的，运动强度越大，需要合成ATP的速度越快，糖的无氧供能比例就会提高，糖的有氧供能比例就会降低，反之亦然。要强调的是，所有能量物质同时利用，只是消耗的比例不同。

另外，运动强度和运动时间，也跟用什么能量物质供能有关。请看图11。

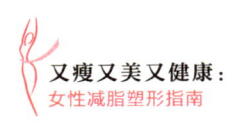

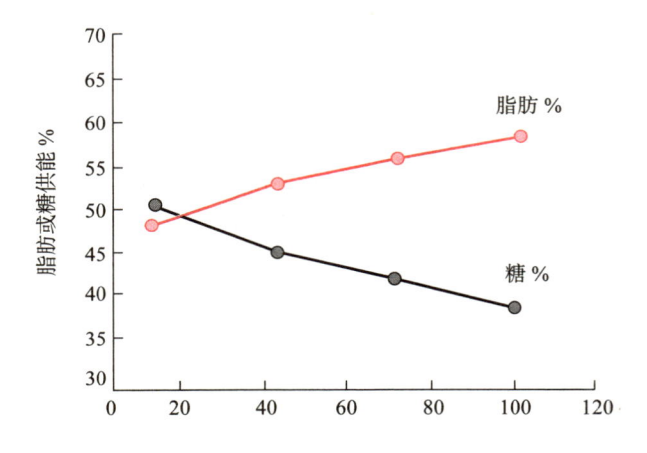

图 11　长时间运动中人的脂肪和糖的利用情况

图 11 中的横轴是运动时间，纵轴是糖和脂肪的供能比例。由图 11 中代表脂肪的红色线条，和代表糖的灰色线条变化曲线可知：随着运动时间延长，糖类供能比例逐渐降低，脂肪的供能比例逐渐提高；运动中后期，糖类的储量会逐渐降低，供能比例一般也会降低。这很大程度是因为我们身体的糖类储存有限，而我们身体里脂肪的储量是非常大的，足够支持我们做远超我们想象的长时间的运动。

在脂肪的供能比例逐渐提高的时候，我们的运动强度不得不逐渐降低，因为脂肪合成 ATP 的速度较慢，不能维持较高强度的运动。还是以跑步举例子，在跑步开始我们的体力很足时，跑步速度会比较快，以糖类供能为主的脂肪的供能就会相对较小。随着跑步时间延长，肌肉里的糖类储存在快速消耗，以及后期血糖的降低和糖能量物质的缺乏，会让我们感到越来越疲劳。

从图 11 中我们还能看出来，过去传说的运动 30 分钟才开始消耗脂肪是不正确的。如果我们的运动强度较低，一开始就会大比例消耗脂肪；如果运动强度很高，那么很快就有一定比例的脂肪氧化参与，因此不是运动 30 分钟才开始消耗脂肪。

我们的身体里好像有一个调节器，不停地调节各种能量物质供能的比例，但是几乎没有哪个时候会把其中一种调到 0，而是每种都要用上。它会根据我们的运动强度、运动时间协调使用能量物质；营养状况、个人运动能力等，也影响运动时能量物质的使用。

有的人可能会疑惑，低强度运动和长时间运动的脂肪供能比例都高，是不是这样的运动是减脂最好的运动呢？而强度非常高的运动主要由糖和磷酸肌酸供能，是不是不适合减脂呢？

不是这样的。任何运动都能减脂，只不过有效率高低与直接、间接消耗脂肪的差别。低强度运动时，虽然脂肪供能比例大，因为运动强度低，消耗的总热量小，所以消耗掉的脂肪总量还是小的；高强度运动时，虽然直接消耗脂肪少，但过程中

不管消耗的是糖还是磷酸肌酸，在运动后都会间接消耗脂肪。这就涉及一个概念，叫运动后过量氧耗（Excess Post-Exercise Oxygen Consumption，EPOC）。运动时我们体内需要大量氧气提供能量，因为身体短时间内无法立刻将摄氧量提高几倍满足这个需求，所以在运动结束后氧气消耗仍然持续增加，这代表我们身体在运动后消耗的热量比平时要高，且主要由脂肪氧化供能，所以对减脂有明显帮助。

像高强度间歇运动（High Intensity Interval Training，HIIT）这样强度很高、主要消耗糖类的运动，仍然会有很好的减脂效果。另外，身体在运动时消耗掉的糖类，可以通过饮食当中的碳水化合物补充回去。也可以超量储存，这也会间接地帮助我们减脂。

所以，不管什么强度的运动都能减脂。从根本上说，减脂量的多少也并不是取决于脂肪直接消耗的比例，能直接消耗脂肪当然很好，但间接消耗脂肪，同样也是可以减脂的。

2. 你被运动后排酸骗了多久

乳酸也是伪科学的重灾区。流传最广的一种说法是：运动训练后肌肉会堆积乳酸，所以要排酸。否则，运动第二天身体会出现肌肉酸痛等问题。

那么，我们身体里的乳酸是怎么来的呢？大家都模模糊糊地认为，可能是运动的时候产生的。所有运动都会产生乳酸吗，或者什么运动才会产生大量乳酸呢？可能很多人并不清楚。其实乳酸是糖无氧代谢的产物，也就是糖酵解的产物。但是，糖酵解的直接产物是丙酮酸，而不是乳酸。只不过在运动强度较高的时候，由于细胞氧气不足，才使糖酵解的最终产物变成乳酸。比如人在快跑或做强度较高的运动时，就有可能产生乳酸。所以我们经常说的无氧代谢产生乳酸，指的就是这个过程。但是，我们在高强度运动后肌肉会逐渐酸痛灼烧的直接感受，是肌肉产生了大量乳酸的同时堆积了大量氢离子所致，原因并非单一。如果你运动强度不高，比如慢跑时细胞里的氧充足，糖酵解只有产生丙酮酸的可能，是不会变成乳酸的。

所以，不是所有运动都会产生乳酸，强度低的运动就不会。你要是跳低强度的健身操，糖主要就是在做有氧代谢的供能，压根不用考虑乳酸的问题。即便是高强度运动，也根本不用运动后排酸。运动后肌肉酸痛是由乳酸堆积所致这种传统观念早被更新了，因为它不是在运动中产生的酸痛，而是运动后隔了一小段时

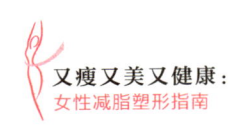

间才产生的酸痛，叫作延迟性肌肉酸痛。

这种运动后延迟性肌肉酸痛到底是由什么导致的？现在学术界没有定论：有微损伤理论、有炎症理论等，现在更多人认为，它不是单一原因造成的，而是有一个逐渐形成的过程，可能是多因素的。但是肯定不是因为乳酸，最重要的证据是：乳酸根本不会在肌肉里堆积！因为人剧烈运动时肌肉里产生的大量乳酸要被身体迅速地从运动的肌肉纤维里清除出去，否则会严重影响肌肉的运动能力。所以，人在运动后24~48小时之间产生的肌肉酸痛也就不可能会由它造成。

并且，这些乳酸在肌肉里产生后会马上离开肌肉细胞，进入血液，变成血乳酸。血乳酸也会很快被清除，这个过程叫柯瑞循环，或者叫乳酸循环。一般来说，运动引起血乳酸升高，会在运动后1小时左右被清除，让人恢复到运动前水平。也就是说，运动时产生的乳酸，开始时确实是在肌肉里的，叫肌乳酸，但是很快就被移出去了。

图12是运动后血乳酸的清除过程。红色线，表示运动后直接休息血乳酸慢慢被清除的过程。由图12可知，1小时左右血乳酸就回到运动前的水平了，又怎么可能引起身体的肌肉酸痛！

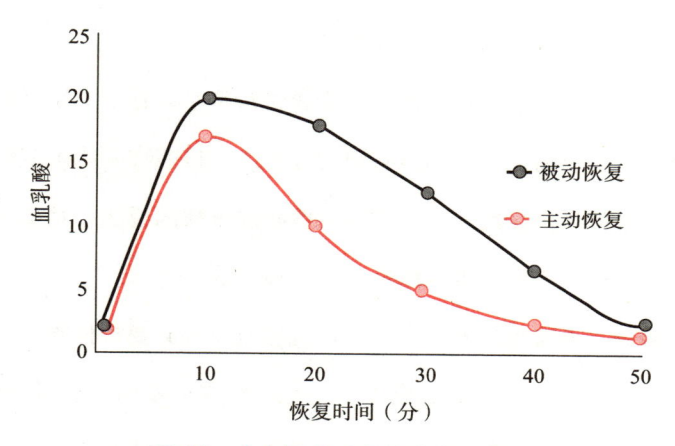

图 12 人在运动后血乳酸清除情况

如果运动后继续做一些低强度的运动，叫主动恢复。这时乳酸清除得更快，如图 12 的红色线。相比休息来说，做低强度运动我们会消耗更多能量，身体会用乳酸来提供能量，这就加快了乳酸的利用和清除。由于低强度运动不会产生更多乳酸，血乳酸水平就会降得更快。

所以，一般运动和训练后，完全不需要主动排酸，你什么都不用干，身体也会在 1 小时左右把乳酸清除。如果你实在想加速这个过程，就做一些低强度运动，比如慢跑，让这个过程缩短。

目前还没有证据证明拉伸、滚泡沫轴这些方式能缓解运动后延迟性肌肉酸痛。而且，从理论上说，如果训练后拉伸过了头，还会加重延迟性肌肉酸痛，因为拉伸是对肌肉产生的、被动性的

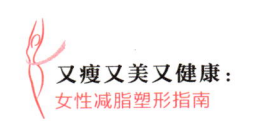

巨大张力，还有可能加剧肌肉的损伤。

怎么缓解运动后延迟性肌肉酸痛呢？学术界有不少这方面的研究，但是目前也没有达成共识的好方法。目前唯一能确定的办法，就是休息，自然恢复。而运动后必须排酸的说法，其实是迎合大众的思维习惯，生硬地创造出一种需求。

最后，不考虑排酸，在运动训练后有没有必要拉伸呢？一般来说，没有肌肉疾病的健康人，没有必要在运动训练后做拉伸。当然，很多时候拉伸让人很舒服，但这不是必须拉伸的理由。

3. 怎么"合理偷懒"不会影响运动减脂效果

我们普遍认为运动减脂，是因为运动消耗了人体热量。其实运动消耗的热量是很有限的，随便多吃一点就有可能抵消了。

运动为什么还能减脂呢？热量控制仍然是减脂的核心。运动能减脂，本质上是运动消耗的热量，与我们的饮食摄入的热量之间呈现出负平衡。并且，规律的运动（主要指耐力运动）会在代谢方面让我们的身体发生很多好的变化，提高我们燃烧脂肪的能力。

第四章
女性减脂的底层逻辑——运动篇

简单来说,规律地做耐力运动的人与不做耐力运动的人,是不同的两种人,他们身体中的代谢环境是不一样的。比如:规律地做耐力运动,能让人在运动和静息状态更大比例地由脂肪供能,这对直接减少人体的脂肪是很有帮助的。

人在运动的时候脂肪是怎么被燃烧的呢?其实我们身上的肥肉就是我们脂肪细胞里面储存的甘油三酯。我们的脂肪细胞就像一个一个的小气球,里面以甘油三酯的形式储存着很多脂肪。脂肪细胞储存的甘油三酯越多,脂肪细胞就越膨胀,人就越胖。而甘油三酯分子,就是一个甘油和三个脂肪酸。人在运动的时候,甘油三酯被分解成甘油和脂肪酸。其中脂肪酸,被血液循环运输到肌肉的线粒体里燃烧掉,以此提供能量。身体的生化活动总是离不开各种酶,脂肪酸要想在线粒体里被燃烧掉,还需要脂肪氧化酶的帮忙。甘油则进入肝脏代谢。

那么,规律运动,比如每天跑几千米,一个月后身体会发生什么变化呢?

第一个变化:耐力运动可以让肌肉里的毛细血管密度增加。好处是什么呢?我们刚才说了,运动消耗的脂肪是通过血液循环把脂肪酸输送到肌肉细胞里的,这会让毛细血管密度增加,相当于让我们的运输网络更发达,也就相应地增加了更多脂肪酸被消

耗的通道，有利于肌肉燃烧更多的脂肪。

第二个变化：耐力运动可以让肌肉内线粒体密度提高。线粒体是脂肪燃烧的地方，线粒体密度的提高，当然有助于燃烧更多脂肪。

第三个变化：耐力运动会让脂肪氧化相关的酶活性提高，这能提高肌肉燃烧脂肪的能力。

第四个变化：规律耐力运动可以提高肌内脂肪的含量。所谓肌内脂肪，就是储存在肌肉细胞里面的甘油三酯，相当于储存在我们肌肉里的"肥肉"，却不像雪花牛肉那样看得见。我们身体里的脂肪，主要储存在脂肪组织里，就是肥肉里，但也有少量储存在肌肉里。尽管我们的肌肉内脂肪量不大，但是它可以超量储存。如果肌肉里能多储存脂肪，那么我们吃进去的脂肪当中就会有一部分无法直接变成肥肉，而有助于我们减脂。

第五个变化：耐力运动者肌糖原储量会更高，这相当于吃进去的一部分碳水化合物不会变成脂肪，而会进入肌肉变成肌糖原，这也有助于减脂。

总之，我们身体里的能量物质，有的会储存在脂肪组织里，有的会储存在肌肉里。所以，我们吃进去一顿饭的能量物质，如果能更多地储存在我们的肌肉里，就能少一点变成肥肉，我们就不容易胖。在我们规律运动一段时间后，即使在不运动的时候，脂肪的供能比例也会提高，而在运动的过程中，则会直接消耗更多脂肪。而且，随着我们身体里肌内脂肪、肌糖原储量的增加，会让我们吃进去的脂肪和碳水化合物有一部分不能变成肥肉。这些变化对我们减脂很有帮助。

注意：这种变化是短暂的，如果你运动一个月，身体刚刚发生变化，你就停止了运动，那些通过运动获得的好处会消退。所以，规律运动很重要，要保持这种运动带给身体的好处，就要持续规律运动。这对忙碌的现代女性是很有挑战的一件事，如果偶尔有一段时间没法运动，停多久对人没有影响呢，也就是说怎么"合理偷懒"，才不影响运动减脂效果呢？

总的来说，耐力运动的好处，在停止运动后会消退得比较快。我们以线粒体的变化为例，一般停止运动 1~2 周后消退，毛细血管密度的变化相对会消退得慢一些。所以，要运动减脂，就尽量规律运动，中间不要停太久，尤其对于耐力运动，尽量控制在 7~10 天。也就是说，只是可以偶尔偷个懒。

有的人实在没时间持续运动，该怎么办呢？可以减少训练量，进行减量训练。减训也是运动员赛前常用的手段，可以用在我们的运动减脂中。比如，之前你每周运动 5 天，遇到特别忙的时候，也要尽量保持每周运动 1~2 天，这样能在一段时间内（比

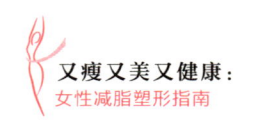

如几周内）保持对减脂有利的身体变化。等有了时间，再恢复一周 5 天的运动规律。

还有一种办法，可以偶尔提高运动强度节省运动时间。比如，之前你每天进行 30 分钟中等强度的运动，特别忙的时候可以每天进行 10 分钟高强度运动（比如高强度的 HIIT），或者做 5 分钟更高强度的运动（比如冲刺性的 HIIT）暂时代替 30 分钟的中等强度运动，这就能节省出不少时间，还能保持对身体影响好的变化。当然，要确保高强度运动的安全性。

总之一句话，想要运动减脂效果好，就尽量规律运动，停止运动的时间不超过 10 天。特别忙时尽量少量运动，也就是暂时减少运动量，或者提高运动强度，缩短运动时间。

4. 哪种运动最减脂

一直有人问我，美丽芭蕾、帕梅拉、刘畊宏，哪种运动方式最减脂？或者跑步、骑车、跳绳，哪种运动方式的减脂效果最好？可以这样说，这些问题的本身就有问题。

运动减脂的方式有哪些？

从运动科学的角度来说，在运动的方式上只有力量训练、有氧耐力、HIIT 等量级上的差别，跑步、骑车、跳绳等类型运动，在多数情况下都属于有氧耐力运动，具体区分仍然要看强度，也要结合运动者的运动能力综合分析，在运动方式上是没有本质区别的，只是不同的有氧耐力运动类型。在减脂效果上，不能说完全没有差别，只是它们都属于同一类型的运动，又何来哪种减脂效果最好呢？具体到跑步这一项运动上，它可以是缓慢的有氧运动，也可以是高强度的 HIIT 运动，区别就在于运动强度上，这是区分运动方式非常重要的一项要素，而不能笼统地判断跑步和骑车，哪种运动方式最减脂。

同样，也不能直接说帕梅拉与刘畊宏指导的运动方式哪种运动方式更减脂，因为其本质上都是有氧操。当然，某些动作可能有力量训练的性质。这是因为有些人本身的运动能力很差，他们在做起某些典型的有氧操时稍显吃力，便成了他们的轻重量的力量训练了。所以，我是很难一下子明确回答，跳 30 分钟刘畊宏与跳 90 分钟帕梅拉哪个的减脂效果好。

在比较热量消耗的情况下，建议人们选择适合自己体质的有氧运动、力量训练、HIIT 等方式中的一种，或者在这些运动方式之间进行两两结合，比如有氧＋力量。

那么，究竟什么样的运动方法减脂效果最好呢？综合目前的相关研究来看，相比于单纯有氧或者单纯力量训练，合理的有氧和力量相结合的运动方式最有利减脂，注意"合理的"三个字才是这句话的核心和关键。那么，怎么更加具体地把有氧和力量结合起来？频率是什么？运动方式是什么？放在一起练还是隔天练？先练有氧还是先练力量？饮食怎么搭配？这其中涉及很多具体问题。结合好了，减脂事半功倍；结合不好，很有可能适得其反。需要强调的是，单纯的有氧运动或单纯的力量训练，只要安排好了，饮食控制配合得好，也都可以减脂。我们这里讲的是如何做最优化选择，如图 13 所示。

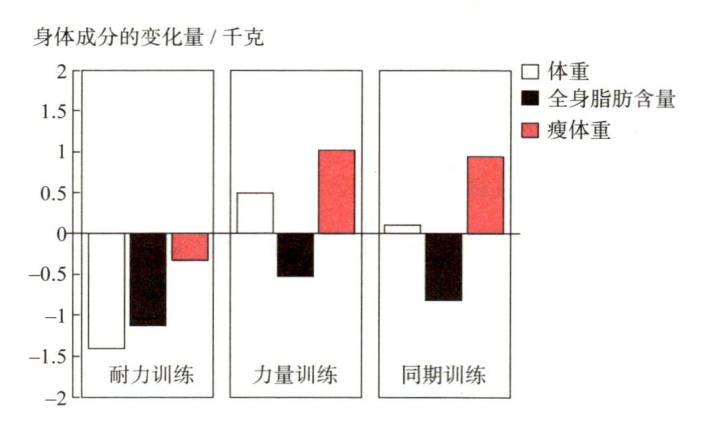

图 13 三种运动方式减脂效果对比情况

图 13 是在其他影响因素基本一致，都进行了饮食控制的情况下，结合单纯的有氧运动、单纯的力量训练，以及有氧＋力量同期训练三种运动方式减脂效果的差异模型图。纵轴是身体成分的变化量，横轴是脂肪、肌肉、体重的变化。由图 13 可知，仅做有氧耐力运动，人的体重降低了，脂肪也减少了，而且幅度都比较大。单纯有氧减脂的优点是减脂快、减重快，但缺点是我们的瘦体重也减少了。而肌肉就属于瘦体重的一部分，瘦体重的丢失，也就意味着肌肉量的丢失。

大家都知道，瘦体重丢失不利于身体健康，而且也不利于继续减脂。因为体重降低，瘦体重也丢失，会不可避免地使人体的基础代谢率降低。单纯的有氧运动当然能减轻人的体重，同时也可能带来瘦体重的丢失，这是单纯的有氧耐力运动不理想的地方。当然，不是进行有氧训练就一定会丢失瘦体重，还是要看饮食安排、运动安排。只是单纯地通过有氧运动大量减轻体重，存在比较大的丢失瘦体重的可能性。

单纯的力量训练相比单纯的有氧运动，脂肪减少的效果明显要差一些，但是瘦体重会有所增加，这是很好的地方。最后，由于增加的瘦体重比减少的脂肪多，所以整体体重增加了，而且增加比较明显。可见，单纯力量训练减脂的缺点是，减脂速度要慢

一些，还有可能使体重增加得比较明显，这让非常关注体重的女性在心理上难以接受。

最后，我们在观察有氧+力量同期训练的运动减脂方式时会发现，相比单纯力量训练，这种运动让脂肪减少得更明显，这种运动方式不仅不会丢失瘦体重，还比运动前有比较大幅度的增加，体重增加得也比较温和。也就是说，这种方式把单纯有氧运动减脂和单纯力量训练减脂的优点都兼顾了，同时规避了两者的缺点。我们可以这样认为，有氧+力量同期训练减脂的好处最多，是理想的减脂方式。当然，再次强调这是在各方面因素安排都相对比较理想的情况下进行的对比结果。

为什么有氧+力量同期训练的减脂效果最好呢？这是因为持续耐力训练可以让我们身体的代谢发生变化，提高脂肪的氧化比例，降低糖类的氧化比例，这在运动生理学上叫作脂肪和糖类氧化的交叉点右移，有助于直接减少脂肪。注意：是直接减少脂肪！同时，有氧运动还能增加肌内脂肪和肌糖原的储量。力量训练又对增加瘦体重非常有帮助，能让人的基础代谢得到提高。有氧+力量同期运动训练，就是充分地把两种优势结合在一起了。

有一项很经典的研究数据，能更为直观地把单纯有氧运动、单纯力量训练，以及有氧＋力量同期训练的减脂效果的差别呈现出来。被试者采用单纯耐力训练减脂，10周减重2千克。他在减少脂肪的同时也丢失了0.6千克肌肉。肌肉的丢失导致被试者的基础代谢降低了200千焦/天。被试者采用单纯力量训练减脂，10周减重0.8千克。尽管他的减重效果远没有单纯有氧运动多，但他增肌2.3千克。肌肉的增加，让被试者的基础代谢提高了400千焦/天。当然，因为肌肉的增加，所以被试者的体重也有明显增加。被试者采用有氧＋力量同期训练结合减脂，10周减重2.6千克。这种方式让被试者减脂最多，增肌增加得最多，约有3.2千克。其整体体重增加得比较温和，其基础代谢却提高了300千焦/天。

需要强调的是，这项研究结果比较理想，不代表任何有氧＋力量同期训练结合的运动减脂方式都能有这么好的效果，还要看具体是怎么设计的。如果两种运动方式搭配得不好，或者与饮食结合得不好，也可能降低人的基础代谢，这是目前可以想见的操作难度所在。

可能会有人提出疑问，既然有氧＋力量同期训练会增加更多肌肉，为何上述研究中被试者的基础代谢每天才提高300千焦，没有单纯力量训练提高得多？其实这与体重的变化有关。因为

基础代谢不仅跟肌肉量有关，也跟体重有直接关联。体重增加了，不管增加的是脂肪还是肌肉，基础代谢都会提高。人胖了，不代表基础代谢没有提高，只是提高的量，不足以让一个人瘦下来而已。

如果有氧运动和力量训练搭配不好，有氧运动可能影响力量训练的增肌效果，本来你想在减脂的同时增肌，提高基础代谢，却让有氧运动把一部分力量训练减脂的好处抵消了，甚至肌肉量也减少了，使得基础代谢降低，这就得不偿失了。可见，找到两者的平衡点很重要。

在《同期有氧与力量训练——科学基础与实践应用》这本书中，作者在综合分析22项针对已经发表的有氧运动是否影响力量增肌的研究结果中发现，有近一半的研究认为，有氧运动会干扰力量训练的增肌效果，而另外一半的研究认为有氧运动不会干扰力量的增肌效果。

在我看来，导致结论不统一的原因是：每一项研究的设计细节有所差别，对肌肉量变化的衡量方式也会有所不同。这些不一致的结论至少能让我们意识到，有氧训练是有可能干扰力量训练的增肌效果的，并且风险比较高。现在运动生理学界的主流观点也认为，有氧运动确实容易干扰力量训练的增肌效果。我还有个发现，在这些研究当中，对有氧运动安排的训练量都不大，如果量大呢？可能对增肌会有更明显的影响。

那么，我们应该怎么搭配有氧运动和力量训练同期训练减脂呢？

首先，注意训练频率。一般来说，如果你不希望有氧运动干扰你的增肌，想在减脂期间最大程度地增加肌肉量，并提高基础代谢的效果，那么，你采用有氧运动的频率不要太高。保守一点的建议：每周最多进行 2 次，不超过中等强度的运动训练，每次时间控制在 30 分钟以内。注意，这是保守的建议，如果你不太在意最大化增肌，每周 3~4 次中等强度的有氧运动也是可以的，每次训练 30 分钟左右。

其次，要谨慎选择运动类型。不建议跑步，建议骑车、游泳等运动类型，或使用椭圆机、划船机等辅具辅助练习。

再次，关于训练安排。隔天训练对增肌影响最小，怎么理解隔天训练呢？也就是一天力量训练，一天有氧运动，这样搭配起来运动减脂的效果会更好。

最后，时间安排。想要最大化地增加肌肉，不太建议早上运动训练。一般来说，晚上可能更合适。

必须强调，目前对有氧＋力量同期训练运动减脂的研究还有

限,并且在相关的细节研究设计上仍存在着比较大的差异,结论还不统一,我的这些建议,是根据目前有限的研究给出的比较粗略的建议,大家在使用时还须依自身条件谨慎对待。

所以,对于运动减脂,还请大家注意以下几个方面:

第一,用有氧+力量同期训练搭配减脂,比较好的搭配方式是每周3~4次有氧运动,穿插2~3次力量训练。具体实施方法是:一天有氧运动,一天力量训练。有氧运动,每次30分钟左右。力量训练,每次30~60分钟,针对大肌群时,要尽量选择多关节训练动作。

第二,女性在运动减脂时,不建议选择跑步作为有氧运动减脂项目。在跑步爱好者中,很多人患有一种过劳性运动损伤——髌骨关节痛,主要的症状是膝关节髌骨周围疼痛。从数据来看,业余跑步爱好者中该病的发病率为4%~21%,其中女性的发病率是男性的2.23倍。

为什么跑步造成的膝关节损伤人群中,女性的发病率更高呢?原因有很多,其中比较明显的是女性的生物力学特征跟男性有差异。比如女性跑步时,一般会有更大的髋内收角度,膝关节周围肌群不同肌肉的激活方式跟男性也有差别。

所以,女性要谨慎选择把跑步作为运动减脂项目,最好选择骑自行车、游泳等项目。

第三，能在下午或者晚上进行运动或训练，就尽量别选择在早上进行。

第四，没有饮食配合，单纯运动减脂是不全面的。运动减脂，必须在合理饮食控制的基础上才能发挥作用。

5. 女性做力量训练会变粗壮吗

很多女性有一个担心，那就是女性做力量训练会不会变得粗粗壮壮的呢？

如果变得粗壮，很有可能是力量训练的具体方式出了问题。女性减脂的重点在于怎么搭配，要让力量训练为你的减脂服务，为你更漂亮的身材服务，而不是让这种方式帮自己的倒忙。

力量训练对女性健康有很大帮助，可以让女性增加更多肌肉，而肌肉是一种合理化的身体成分。对于胖人来说，最基础的原则就是减少脂肪、增加肌肉。肌肉能让你的身材更漂亮、体态更完美。只是很多减脂者在减脂过程中用了错误的、极端的方法，尽管减掉了一些脂肪，但也让身体的肌肉丢失了不少。

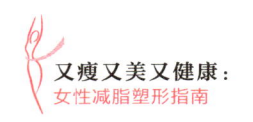

结果人是瘦了,但瘦得很松垮、很干瘪,自然不好看。肌肉的密度比脂肪要大得多,简单来说,肌肉要比脂肪紧致得多。我们身体里的肌肉减少时,紧致度就会降低,人会变得不饱满、松松垮垮的。

增加肌肉会有哪些好处呢?

第一,肌肉是有支撑力的。肌肉多的人整体是一种挺拔的、向上的状态。比如,你想要通过增加臀部脂肪达到翘臀的效果,稍微增加一点还可以,增加得多了,臀部会往下耷拉;如果增加的是臀部肌肉,那就不一样了,这会让你的臀部有上翘感、膨出感。臀部的肌肉越多,也就越翘、越好看。

第二,肌肉是能够产生收缩力的,可以帮助我们保持良好的体态。打个形象的比方,如果我们的身体缺少肌肉,看上去就会很无力,像一个拉线松弛的提线木偶一样,站也站不直,挺也挺不住,很不好看。如果我们身体的肌肉多,看上去会很有力量,就像拉线绷紧的木偶,挺拔好看、有精神。

第三,肌肉能帮助我们减脂。肌肉是我们身体里的主要产热组织。简单来说,肌肉能帮我们把身体里的能量变成热量散失出去,帮助我们消耗热量。其实我们的身体可以在一定程度上自主调节体脂率。也就是说,当体脂率过高的时候,多数人可以通过产热的方式增加热量消耗，让自己不容易变胖，这叫适应性产热。对于成年人来说，适应性产热是靠肌肉完成的。

可以这么认为，肌肉是调节我们身体胖瘦的"器官"，对我们保持合理的体脂率很重要。肌肉多的人这种潜力就强，相对不容易发胖。而且，肌肉本身也是一个耗能"大户"。当我们的身体具备一定量的肌肉时，不管我们是否会运动，肌肉都会不停地消耗身体的热量。肌肉量大的人，基础代谢率会比较高，就算平时不动弹，消耗的热量也要比肌肉量少的人多。并且，肌肉量大的人，肌糖原储量、肌内脂肪储量也会更大，这也有利于减脂。

第四，肌肉量大的人，骨骼健康程度更高。因为我们的肌肉是连接在骨骼上的，肌肉会给骨骼一个力，不管是运动时肌肉的收缩力，还是不运动时肌肉给骨骼的自然拉力，这些力作用在骨骼上，都会让骨骼沉积更多骨质，让骨骼变得更硬、更健康。

对于女性来说，骨骼健康是非常重要的，因为女性更容易有骨质疏松的问题，从数据上看，我国有一项研究报告，50岁以上人口的骨质疏松的发病率，男性为14.4%，女性为20.7%。60岁以上人口骨质疏松发病率女性更是明显高于男性。

也许50岁离我们还很遥远，但是骨骼健康这件事很特殊，最好趁年轻时经营。我们年轻的时候给骨骼多储存它需要的物

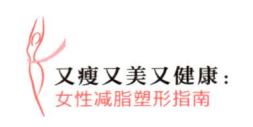

质,老了以后出现骨质疏松或者骨折的风险才会降低。

第五,肌肉对人的健康还有很多其他方面的影响。比如,肌肉多的人胰岛素敏感性一般更高,不容易出现胰岛素抵抗、代谢综合征或者糖尿病。

总之,肌肉这种身体成分,是我们身体当中的奢侈品。不管是减脂,还是平时保健,我们都应该重视肌肉量的保持,或者增加。

怎么让肌肉增加得好看?

对于女性来说,怎么让肌肉增加得好看,其实取决于怎么设计和安排力量训练。使用多大重量的运动类型,是力量训练的核心要素,重量决定了肌肉增加的程度。因为肌肉是我们力量的来源,如果我们经常需要更大的力量做事,身体就会让肌肉变得更大更多。这对女性和男性而言,都是一样的。比如,如果一个人能够轻松推开一块2.5千克重的石头,那么就算他每天重复几百次、上千次推开2.5千克重的石头的动作,他的肌肉也不会明显增大。因为不管他推开了多少次石头,用的力量都是比较小的,不需要增大身体的肌肉,他的力量就够用了。这也是我们每天都会走路,哪怕走了两三万步,腿也不会变粗的原因,因为我们的腿早就适应了这种强度,腿部现有肌肉量足够应对这样的强度。

但是，一个腿部骨折打了石膏、很久不走路的人的肌肉会萎缩。当他拆掉石膏开始走路后，他腿部的肌肉会有所增大。这是因为对于他来说，走路这种简单动作的强度已经很高，现有的肌肉力量不足以支撑他的这个动作。或者，平时惯于走平路的人，偶尔爬坡时是需要腿部更大的力量支撑的，这也有可能引起腿部肌肉量的增多。

所以，会不会增肌，多大程度地增肌，很重要的一个因素是我们用多大的力量进行训练。不管是用哑铃、杠铃、固定器械，还是用弹力绳、弹力带，都是为了提供足够大的阻力，经常对抗这种阻力，我们的肌肉量就会明显增多。

想要最大化增肌，需要用多大的力量呢？一般来说，用自己只能连续完成 6~12 次重复动作的力量。这个原则对男性和女性都是适用的。比如，你要用哑铃做一个手臂弯举的动作强化手臂肌肉，首先要选出重量合适的哑铃。如果你能用这个重量的哑铃连续弯举 6~12 次，就表示这个重量适合你，能让你最大化增肌；如果你能连续重复完成 50 次同样的动作，那就表示这个重量太轻，增肌效果就不会那么理想了。

如果减脂的目标，并不是明显增加肌肉量，只是为了帮助减脂和紧致肌肉，你就可以选择每组完成 25~30 次重复动作的重

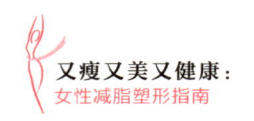

量进行训练。只要合理安排力量训练,并合理使用重量,力量训练对女性的变美和健康,就只有好处没有坏处,是完全可以放心去做的。

6. 运动减脂能长期有效吗

很多人说,运动减脂一开始管用,但是同样的运动做一段时间,在人体适应后,这种运动就不能减脂了。有没有这么夸张呢?当然没有。一种运动,哪怕你做十年,它仍然有减脂作用。而且,长期运动、规律运动,会让运动减脂的整体效果更好。

只是一直在做同一种运动,同样的动作,其减脂效果会随着时间逐渐减弱。从这个角度来看,减脂运动有一个相对的"减脂保质期"。也就是说,一种新运动一开始的减脂效果是最好的,它的减脂效果会慢慢地变差一些,直到不怎么明显。所以,运动减脂一般容易出现越减越慢的情况。不是说饮食控制减脂不会这样,而是说运动减脂时出现的这种情况会更明显。一旦在运动减脂过程中出现这种情况,就有可能是遭遇了运动"减脂保质期",说明你的运动类型或者某些运动动作,应该作出调整了。

什么类型的运动"减脂保质期"最短

调整运动的具体情况也很复杂,例如力量训练、动作比较简单的有氧运动与动作比较复杂的技巧类的有氧运动,"减脂保质期"都不一样。那么,不同运动的"减脂保质期"有多长?如果你的减脂运动过了保质期该怎么办?怎么去调整会让你的减脂效率一直处于一个比较高的水平?

一般来说,减脂保质期最短的运动,是那种动作比较复杂的运动,比如跳操、跳舞;一些技巧类的运动,比如滑板、各种武术格斗术和一些功能性的训练,都会要求你去做一些比较复杂的动作,开始时会比较难,身体适应后会比较容易。相应地练习一段时间后,减脂效果就会不同程度地降低。比如,你之前每天跳操半小时,会瘦得很明显,1个月之后,同样每天跳操半小时,就瘦得就不那么明显了。

为什么会这样呢?首先,运动时我们的肌肉会收缩,这会消耗一些我们的身体热量。而我们运动减脂的核心目的,是消耗掉

更多身体热量。大家可能觉得,我做这个动作会收缩这块肌肉,做那个动作收缩那块肌肉。不对!

我们做任何一个动作,几乎不可能只有一两块肌肉在收缩,哪怕一个很简单的动作,都可能会有几十块肌肉在协调配合收缩。完成一个动作要参与收缩的肌肉主要分成四类:主动肌、协同肌、稳定肌、拮抗肌。在这其中提供主要收缩力量的肌肉是主动肌,配合发力的肌肉是协同肌,主动肌与协同肌是主动和协同的关系。比如,我们要从桌上端起一杯水,有时候肱二头肌是主动肌,发力最多,肱肌和肱桡肌是协同肌,配合肱二头肌发力。当然,有的时候可能肱肌或者肱桡肌是主动肌。这取决于水杯的重量、人端水杯时的角度和个体差异。

稳定肌是什么呢?大家可以想象一下,我们端起一杯水时,如果只有胳膊上的肌肉收缩,身体其他部位的肌肉都是瘫软的,这杯水是端不起来的。我们首先要稳定自己的身体,保持身体有足够的刚性才能让胳膊发挥出力量。起码你的上身是稳定的,这需要很多肌肉收缩发力才行,这些能让你身体稳定的肌肉就是稳定肌。请看图 14,是人在站立(左侧)和坐着(右侧)的情况下,快速抬起手臂时身体相关肌肉的收缩情况图。

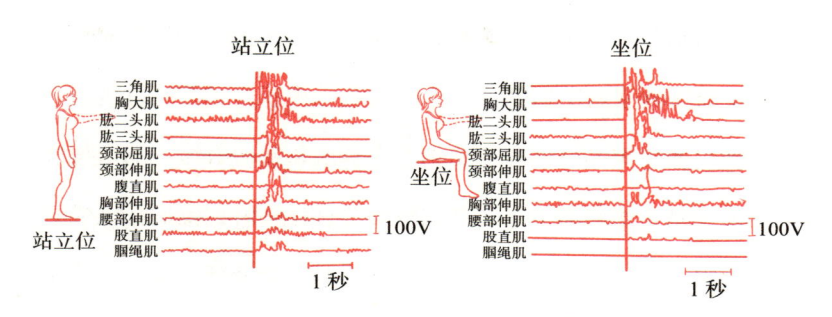

图 14 抬手臂时身体相关肌肉收缩情况

从图中看到,虽然我们抬起的是手臂,但是在站姿中,人的颈部肌肉也跟着收缩了,同时参与进来的还有腹部、腰部、腿部的肌肉,很多看着没有动作部位的肌肉也在收缩。通过这个图我们还能看出,人在站立位下,颈部、躯干、腿部的姿势性肌肉,是先于胳膊上的肌肉收缩的。也就是说,虽然我们做的是抬胳膊的动作,别的地方的肌肉反而比胳膊上的肌肉收缩得更早。仔细一想,也在情理之中,只有先让稳定肌稳定住我们的身体,我们的胳膊才能更加顺利地抬起来。而在我们坐着的时候,腿部肌肉就不收缩了,因为这个时候不太需要下肢肌肉参与到姿态的稳定中。我们都知道核心肌群很重要,因为核心肌群在很大程度上起到的是稳定身体的作用,只有身体稳定了,才能做好各种动作。

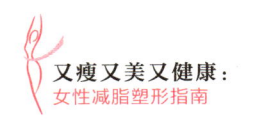

拮抗肌，就是你做某个动作的时候，跟你的主动肌对着干的肌肉。比如胸肌群与背肌群、二头肌与三头肌，互为拮抗肌。当我们要完成一个动作的时候，如果主动肌从左边收缩，那么拮抗肌通常会从右边收缩一下，与它较劲。这样来看，我们在完成某些动作时，一些力量会被抵消，浪费了我们的身体能量。身体为什么要多此一举呢？主要是为了让关节更稳定，让动作控制得更好。这就像我们玩跷跷板的时候，两边都要有人，当两个人的重量相互对抗时，跷跷板才能稳定运行。

那么，人的肌肉是怎么控制并完成动作的呢？都是身体的运动神经系统控制的，它会指挥由哪些肌肉收缩完成你要做的动作。比如跳操、跳舞这类复杂性的动作，开始的时候身体的运动神经系统还不熟悉这些动作，在动作控制上不那么熟练，我们在肌肉的利用上就会不那么"经济"。也就是说，它会让很多本来不必要收缩的肌肉去做多余的收缩。

不会跳舞的人，在刚学跳舞时全身都是硬的，该收缩的不收缩，不该收缩的却在收缩，导致很多肌肉都在发力，这样跳起舞来自然会很累。这就是他们的运动神经还不熟悉这些动作，控制身体的肌肉不自如，会让很多不需要收缩的拮抗肌、稳定肌、协同肌收缩了。等跳了一段时间，身体适应了这些动作，不需要收缩的肌肉就不会再跟着收缩了，动作也不会僵硬了，跳起舞来也就不觉得那么累了，甚至变得很轻松。这个时候想要消耗更多热量，也就很难了。

所以，从减脂角度来看，一种运动在肌肉僵硬的开始阶段效果更好。也就是说，动作笨拙一些反而能取得好的减脂效果，因为热量消耗更大。动作熟练了之后，热量消耗就会减少，减脂效果也就会打折扣。这时候，这种运动很可能过了"减脂保质期"。

动作比较复杂的技巧类运动，还有一些功能性的训练运动的减脂保质期具体有多长呢？学术界没有统一的数据，而且有很明显的个体差异，一个人会是一个样。一般来说，如果运动比较频繁，比如每周超过 5 次，可能 1~2 个月身体就能适应，此时减脂效果开始有明显下降。如果运动不那么频繁，频率低一些，减脂保质期会更长一些。

一般建议，如果你的减脂运动动作比较复杂，理想的操作是 1~2 个月换一种新的运动，或者替换一些新的动作。仅从减脂的角度讲，这样做的效果最好。同样的动作一直做下去，减脂效果势必会受影响。另外还是要强调，即便我们的运动过了减脂保质期，仍然能消耗热量，也就是它仍然能减脂，只是减脂效果较之

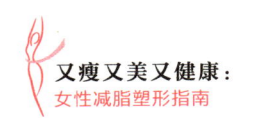

前会差一些,没有开始时那么理想,并不是过了减脂保质期就完全没有减脂效果了。

力量训练减脂的"减脂保质期"及应对策略

力量训练有减脂保质期。其实有些力量训练的动作设计比较复杂,涉及多组肌群协调动作。同样,在训练一段时间之后,身体因为熟悉了动作会减少一部分肌肉的不必要收缩,影响减脂效果。力量训练的情况,比技巧性有氧运动的情况更为复杂,主要是肌肉里的肌纤维的收缩是不是同步的问题。

一开始做力量训练的时候,你的主动肌、协同肌里的肌纤维同时收缩的能力会比较低。当这些肌纤维不能同时收缩时,我们的力量就很难集中。所以,在刚做力量训练的时候,你的力量就会差一些。这就像拔河,除了需要参与的人的力量足够大,还需要大家的力量能往一处使。大家同步使劲,才有可能赢得对方。否则,你用力的时候他没用力,他用力时你又没用力,大家的发力不能同步,就会浪费很多力量。

从理论上来看,我们在做力量训练的时候,有可能肌纤维不能同步收缩浪费一些能量,这对减脂是有利的,因为多消耗了我们身体的热量。当我们对一些动作掌握熟练，肌纤维能够同步收缩时，能量消耗就变得经济划算了，反倒不利于我们减脂。当然，力量训练时间长了，我们肌纤维的募集能力也会提高，是否能抵消减脂保质期造成的影响呢？目前还不知道。

我们知道力量训练会引起增肌，肌肉蛋白质的合成需要消耗大量热量，这也是力量训练非常有助于减脂的一个方面。但是，经过一段时间力量训练之后，身体的增肌速度变慢了，自然让减脂效果变差。

如果你做力量训练的目的是更好地减脂，却又不想让身体同时增加太多肌肉，那么，需要你能对抗力量训练的减脂保质期，最好的办法就是勤换动作。我个人的建议是，想要系统地训练大肌群，那就选择多关节动作为主训练动作，一周训练2~3次，2个月左右换一批动作。如果在你的力量训练里单关节动作比较多，那么1个月左右就可以考虑换一批动作。之所以有多关节与单关节的区分，是因为多关节动作比较复杂，我们的运动神经系统需要更长的时间去学习这类动作，其减脂保质期会相应长一些。单关节动作相对简单，身体会很快适应，建议可频繁更换动作。对于通过力量训练减脂，同时也可以接受明显增大肌肉的女性来说，更换新动作的时间可以在这个基础上适当延长一些，这

有利于身体增肌。我个人建议:多关节动作每 4 个月左右更换新动作,单关节动作则每 3 个月左右更换新动作。

有氧运动的"减脂保质期"及应对策略

从理论上来说,有氧运动的减脂保质期可能最长,因为它的动作相对简单,要么跑步,要么骑车,要么蹬椭圆机……本身我们的身体对这些动作容易熟悉,不需要运动神经系统花很多时间去熟悉适应。

要想尽可能地规避有氧运动的减脂保质期,就要随着运动能力的提高,及时提高自己的运动强度。比如,有的人选择跑步减脂,他会以一个固定的速度去跑步。开始时,他运动能力不强,8 千米 / 小时的速度对于他来说已经算是中高强度的动作。其热量消耗比较高,减脂效果也比较好。跑了 1~2 个月,他的运动能力提高了,如果他还是以 8 千米 / 小时的速度跑步,这个强度对他来说就有可能算作中等强度的运动,甚至是中低强度的运动。其热量消耗就会降低,减脂效果自然也就不如之前好了。

所以,做有氧运动减脂,要随时调整动作强度,以适应自己不断提高的运动能力。同样的动作做起来比较轻松时,那就提高难度或者速度,让自己在运动的过程中有吃力的感觉,并一直保持在稍微吃力的程度,一般才会对减脂有效果。

总之,在运动减脂中,如果你越减越慢,可能与你的运动过了减脂保质期有关。这时要考虑换一种新的运动,或者换一些新的动作。在减脂期过后的保持期,不需要考虑运动的减脂保质期这个问题。另外,从减脂保质期的角度来看,一个力量训练类型的动作,在一段时间不练后,一定程度上它可能又变成一个新动作。有氧运动的减脂保质期最长,也要注意及时调整运动强度,以适应你不断提高的运动能力。

第五章

越来越美——东方女性增肌塑形策略和方法

对于男性来说，不管是东方男性，还是西方男性，大都认可肌肉发达的身材。这个需求相对容易做到，最大化减脂、增肌就可以了，不太需要在增肌塑形的训练上做太多设计。当然，也有不喜欢肌肉发达身材的男性。

女性有让身材变美的需求，在文化和审美上跟男性不太一样。女性审美复杂得多，东西方的差异很大。因此，在增肌塑形方面，需要做出一些差异化的设计。

毕竟审美是很个人化的事情，没有对与错之分。我只能关注审美共性方面的问题。

第五章
越来越美——东方女性增肌塑形策略和方法

1. 增肌塑形，需要个性化的设计

可以这样认为，男性的身材审美甚至不容易有明显的时代差别。我们看古希腊雕塑中的男性，能充分感受到一种力量的美，他们脂肪较低，肌肉匀称、发达，这样的男性身材拿到现在也是没问题的，照样被大多数男性认可。

但是，女性的身材审美就要复杂得多。首先，东方和西方的女性对身材在审美上的差别还是比较大的。西方女性对身材的主流审美相对东方女性而言，更偏阳刚一些，偏爱活力、运动感，稍微有一点力量感的身材。东方女性对身材的主流审美相对西方女性稍显阴柔一些，更内敛和含蓄一些。多数东方女性对肌肉感

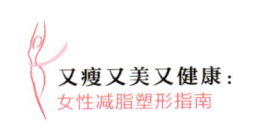

的接受程度不如西方女性那么强烈。

东方女性采用力量训练增肌塑形，一般会担心把自己练壮，可能多数西方女性在这方面的顾虑会少一些。具体到不同身体部位的训练，比如肩部、背部、腿部等，西方女性认为好看的，东方女性不见得会认为好看。

我听说在化妆方面有许多派系，比如，欧美系、日韩系、中国系等。即使中国系的妆容，还分出了古典系和港系等，各系妆容都形成了一套自己的理论和方法。总之，不同地域的文化不同，审美差异也会很大。但在女性增肌塑形方面，差异化的健身体系一直没有形成。健身恰恰又是西方的舶来品，整个体系包括审美情趣都偏西方化。从训练方法上来看，现在普遍一刀切。比如大家去健身房，有些教练就不会考虑那么细致，会用同样的一套西式方法安排训练。在网络上，教女性增肌塑形的方法，大部分照搬照抄了西方的套路，没有考虑到东方女性在审美上的特殊性。

我认为，在指导健身塑形时，我们起码要在方法上有所区分，给需要减脂塑形的女性朋友更多选择的自由，喜欢哪种体形就用哪种塑形方法。现在的情况是，一些偏东方审美情趣的女

第五章
越来越美——东方女性增肌塑形策略和方法

性，很难找到适合自己审美情趣的增肌塑形方法，通常只能选择西式健身方法。每个人都有自己的审美，我们可以根据个人对审美的不同做出一些相应的健身动作设计。

我希望尽可能地给女性们多样化的选择。当然，由于这个问题的复杂性，很难只用一章的篇幅面面俱到，我只是率先做个尝试，迈出第一步。在这一章中，我主要是讲策略和理念，倾向于授之以渔，教大家怎么根据自己的情况选择合适自己的训练动作，不做舍本逐末的事，不涉及太多的具体训练动作。毕竟每个女性的情况都不一样，推荐几个训练动作让大家跟着练习是非常不负责任的做法。事实上，告诉你具体的某个训练动作怎么做意义也不大，随便打开网络视频都能找到自己想要学习的训练动作，视频的效果也要比图文直观得多。

就像给人推荐护肤品，如果适用于所有人，其实跟没推荐一样，甚至还不如不推荐。因为每个人的皮肤都不一样，需求也不一样。只有学会怎么区分护肤品的差别，了解护肤品的原理，才能根据自己的皮肤特点灵活选择适合自己的护肤品。这是我在本书中要教给大家的。

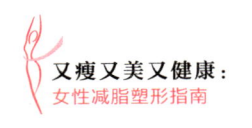

2. 肩分三部分，应该怎么有选择地训练

有人觉得女性增肌塑形根本不用考虑会把自己练粗壮这件事，因为女性根本不可能练出大块的肌肉。这是不对的。只能说大多数女性增肌潜力远不如男性，但女性下肢的增肌潜力是普遍不错的，并且有的女性增肌潜力本身就不差，并不比男性差太多，这是有个体差异的。所以，女性也是有可能把自己练粗壮的，问题在于在训练之前，很多人不了解自己是不是这种比较容易增肌的个体。

女性的上肢塑形涉及的肌肉部位主要是肩部三角肌、肱二头肌、肱三头肌。从形体美学的角度看，肩部是我们上肢塑形的重点，因为肩好看，能让人看起来更年轻、更挺拔、更有精神、身体比例更匀称。肩部形态甚至还能影响我们视觉上的腰围、身高、腿长和臀部形态。如果女性肩部饱满，其他部位配合到位，能让上身形成轻微的倒三角形，身体有一种向上的提升感，会显得腰部更细、躯干更短、腿更长、臀部更翘，整个身材看上去更漂亮。而且，肩部一定程度上饱满一些，也会让头显得比较小。

总体来看，大多数现代女性在肩部塑形方面，希望塑造一个饱满的、有活力的，又不能出现肌肉堆叠、厚实的肩部。这就需

第五章
越来越美——东方女性增肌塑形策略和方法

要我们在做肩部塑形增肌的过程中，按最重要、次重要、不重要进行排序。肩部三角肌分为三个部分：置于肩部前面的叫前束，侧面的是中束，后面的是后束。我建议把肩部三角肌中束作为增肌第一重点（最重要），前束作为次重点（次重要），而后束只做轻度的增肌（不重要）。再次强调，审美是一个人一个样，最终还是看你的审美偏好，这个排序是针对大多数人的审美偏好设计的。

图 15 是肩部三角肌示意图。

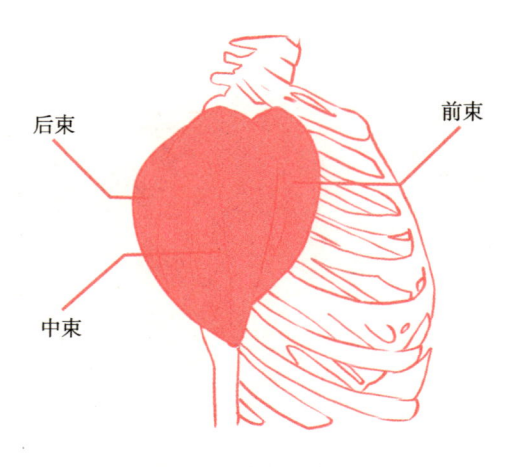

图 15　肩部三角肌

一般来说，多数现代女性希望后束平坦，没有突出的肌肉。增肌的原则是，你希望哪部分增大，就重点训练哪部分的肌肉。

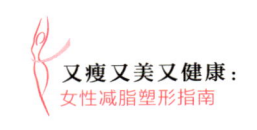

我个人的建议是把肩部中束作为第一训练重点,这会让肩部从正面看起来更饱满,侧面看上去也不厚。如果肩部前束和后束的肌肉明显,会让肩部从侧面看上去比较厚,这是很多女性不太喜欢的。所以,要谨慎训练肩部的前束和后束,尤其是肩部的后束。

哪些动作可以很好地训练肩部的中束呢?核心动作就是侧平举。借助哑铃、弹力带、固定器械等辅助练习侧平举,都能很好地训练肩部中束,如图 16 所示。

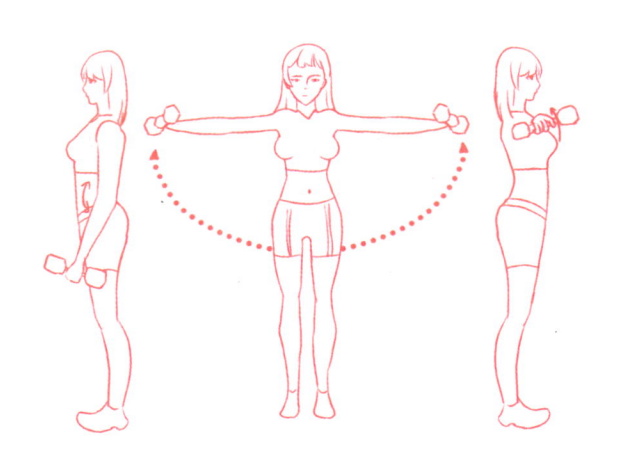

图 16 肩部中束训练动作

训练前束的动作,主要是各种前平举和各种推举,如图 17、图 18 所示。

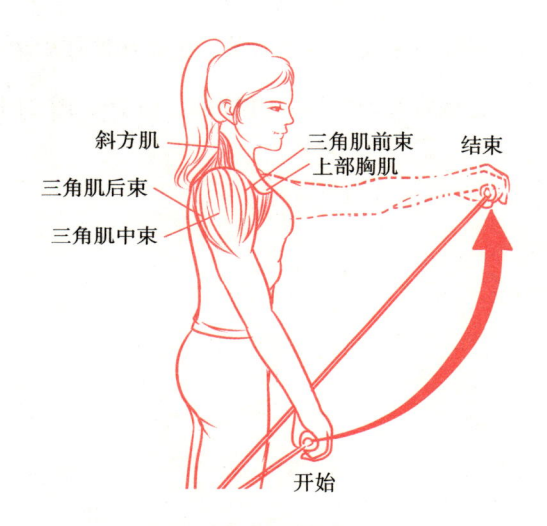

图 17　肩部训练之前平举

图 18　肩部训练之推举

如何训练肩部后束呢？也很简单，手臂从前往后运动的肩部训练动作，都是练后束为主的，如图 19、图 20、图 21 所示。

图 19　肩部训练之反向蝴蝶机

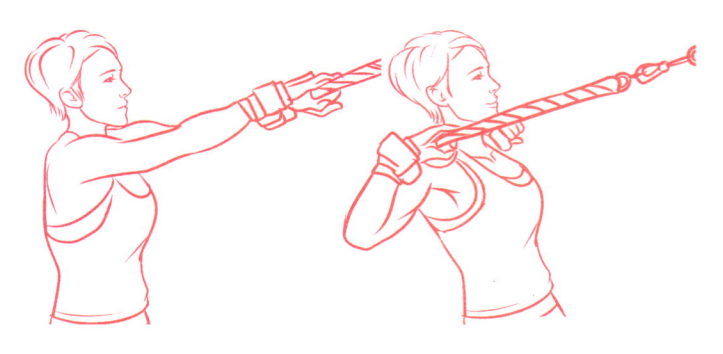

图 20　肩部训练之肩后束面拉

图 21　肩部训练之俯身飞鸟

其实所有肩部训练动作，都会同时练到肩部的前束、中束、后束，在训练某个部位时完全不影响另外两个部位是不大可能的。不过，我们的训练可以做到侧重不同，训练出来的视觉效果也会有所差异。

3. 练肩不增大斜方肌

女性最怕练肩时把斜方肌练大，那怎么做到练肩不增大斜方肌呢？斜方肌位于我们颈部的正后方，详见图22。

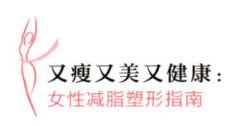

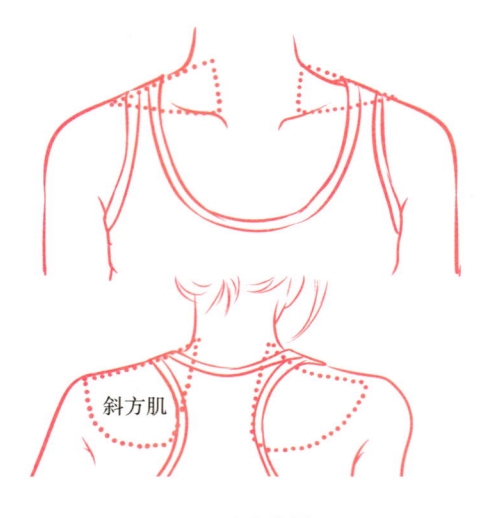

图 22 上部斜方肌

其实，练肩时完全不训练斜方肌，是不大可能的，只是程度大小问题。一般来说，我们做肩外展这个动作，也就是侧平举动作的时候，斜方肌上部、斜方肌下部和前锯肌会被动激活。这里有两个重点：一是只要做肩外展的动作，斜方肌上部会被激活并收缩发力。如果有人告诉你他有不会激活斜方肌的方法，那是骗人的；如果有人说他教你几个训练动作可以消掉斜方肌，更是胡扯。肌肉是典型的用进废退的，是不可能通过训练让它变小的。除非，你因过度训练它造成了横纹肌溶解症，致使肌肉严重损伤萎缩。但是，这种不利于身体健康的运动方式，你也不大可能选用。

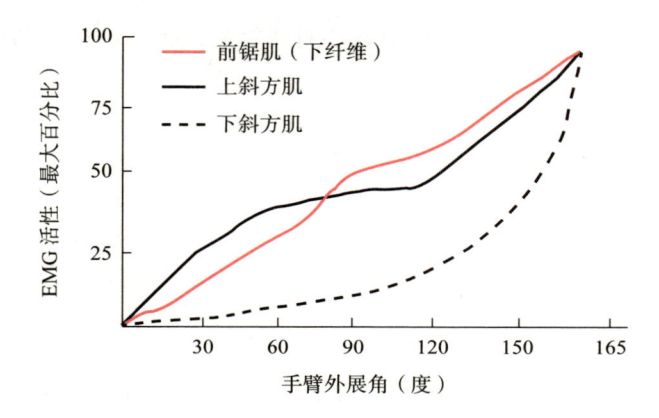

图 23　在肩胛骨面中发生肩外展时，斜方肌活动情况图

另外一个重点就是，通过图 23 我们能看到，随着肩外展的角度逐渐增大，斜方肌激活程度也会相应提高。所以，想要在练肩的时候尽量少地刺激斜方肌，我们就要从肩外展的角度上下功夫。也就是说，肩外展角度一定不要太大。在做侧平举这个动作的时候，举到 60~80 度的角度也就可以了；不建议举很高。借助哑铃做推举动作时，也别非要推到头顶，手臂伸直，这也会让斜方肌更大程度地被激活，把哑铃推到耳朵的高度就可以。

另外，不管做哪种肩部动作，都要注意不要耸肩。很多女性在做一些肩部训练动作时，不知道自己有没有耸肩。我们可以对着镜子做练习。盯着镜子里自己的锁骨，如果你一做动作，锁骨有明显的外侧向上，就说明你的斜方肌发力上提了，

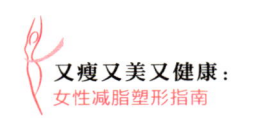

也就是说你耸肩了。这个时候要自然沉肩,想办法让肩部放松下来。

4. 怎么避免胳膊越练越粗

很多人觉得自己胳膊粗,就想好好练一练胳膊,让胳膊变得紧致修长。这几乎是做不到的。首先我们都知道,减脂并不是训练哪儿就能减去哪儿的脂肪的,全身的脂肪是统一调配使用的,要减少会一起减少的,纯粹的局部减脂是做不到的。

更重要的是,如果我们上臂本来就粗,再去做力量训练,就很有可能增加上臂肌肉,让上臂变得更粗、更壮,更不好看了。比如,有些人觉得自己的"蝴蝶袖"不好看,开始练肱三头肌,使肱三头肌明显增大,这是在"蝴蝶袖"的位置做了加法,"蝴蝶袖"更严重了。

有的人觉得,人的肌肉是硬的,增大肱三头肌后,可以拉紧肱三头肌外面的皮下脂肪,也就解决了"蝴蝶袖"的问题。这种说法不完全对,虽然肌肉比脂肪组织更紧实一些,但它只有在收缩发力的时候才是有力的和坚硬的。平时在身体放松的状态下,它也是软软的。如果我们不刻意收紧它，从视觉上来看，是很难区分肌肉层和皮下脂肪层的，因为两者是紧密连接的整体。除非你手臂皮下的脂肪非常单薄，过于瘦削不丰满，倒是可以着重增肌。否则，不建议安排明显导致增肌的力量训练。

对于肱二头肌的训练，道理也是一样的。怎样的训练是适量的训练？其核心就是选择合适的重量。我们前面讲过，最大化增肌的建议重量是每组6~12次重复，男女都一样。仅仅想要紧致肌肉，重量更轻一点就可以了，建议每组25~30次重复。比如，做哑铃弯举，我们选择2.5千克一组的哑铃试做，发现用这个重量的哑铃能够不间断重复40次弯举，那么，这个重量就有点轻。我们需要加一点重量，如选用3千克一组的哑铃试做弯举，如果可以每组完成27次重复，也就意味着这个重量是刚好的，因为这个次数处在25~30次的范围之内，以后可以直接拿这个重量的哑铃练习弯举。

但是大家注意，如前文所言，一个动作训练一段时间之后，我们的力量会增长，原来的重量就明显不够了、太轻了，我们就要尝试增加一些重量。总之，要让我们使用的重量保持在每组完成25~30次这个区间。

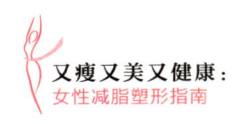

5. 增肌训练可以丰胸吗

躯干部位，主要涉及的肌肉部位是胸、背和腹部肌群。从大多数现代女性审美的角度来看，整个躯干部位要薄一点。这就决定了胸部和背部的增肌一定要适量，除非你喜欢很厚实的身材，否则不建议过度训练胸部和背部的肌肉。当然，女性躯干部位增肌的潜力远不如下肢，想练到很厚也是不容易的。还是那句话，增肌潜力是有很大个体差异的。在我指导的增肌的经历中，也确实见过很多增肌潜力很好的女性。她们通过增肌训练，让自己的身材有了很大的变化。

关于胸部的训练，曾有人说，女人胸部训练会对乳房不好，这当然是很滑稽的。还有一种说法认为练胸肌能丰胸，这也是无稽之谈。能丰满胸肌是真的，但想要通过训练胸肌丰满乳房是做不到的。女性胸部的大小、形态与乳腺、激素有很大关系，尤其受到激素方面的影响更大，情况也更复杂。可以这样认为，一个女性胸部的大小、形态，在很大程度上是先天决定的。另外，女性胸部的大小和形态还跟脂肪分布有关，但脂肪分布也要看个体差异，也是一个人一个样。有的女性胸部脂肪多，有的脂肪少。这也是有的女性减脂时胸部也会变小的一个重要原因。丰胸我们通过外力是干预不了的。

目前还没有明确的能够丰胸的食物。有的人认为大豆能丰胸，因为大豆异黄酮有很弱的雌激素样作用。但是，大豆异黄酮不是任何人都可以大量摄入的，适量吃或有好处，过量吃肯定不行。目前可知的富含大豆异黄酮的食物，主要是大豆和大豆制品，比如豆粉、豆腐干、豆腐、豆浆等（见表12）。根据中国营养学会的建议，绝经后女性大豆异黄酮的每日摄入上限是120毫克，没有对绝经前女性做区别说明和特别建议。

表12 食物里大豆异黄酮的含量表

食物 （100克）	大豆异黄酮			总计 （毫克）
	大豆苷元	染料木黄酮	黄豆黄素	
速溶豆粉饮料	40.07	62.18	10.90	113.15
浓缩大豆蛋白（水洗）	43.04	55.59	5.16	103.79
大豆蛋白提取物	33.59	59.62	9.47	102.68
豆腐干（冻）	25.34	42.15		67.49
豆面酱粉	24.93	35.46		60.39
大豆（煮、发酵）	21.85	29.04	8.17	59.06
豆片	26.71	27.45		54.16
腐竹（熟）	18.20	32.50		50.70
豆腐（炸）	17.83	28.00	3.37	49.2
印尼豆豉	17.59	24.58	2.10	44.27

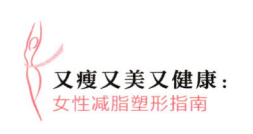

（续表）

食物 （100克）	大豆异黄酮 大豆苷元	大豆异黄酮 染料木黄酮	黄豆黄素	总计 （毫克）
豆面酱	16.13	24.56	2.87	43.56
黄豆芽	19.12	21.60		40.72
腐乳	14.30	22.40	2.30	39.00
豆腐（煮）	12.80	16.15	2.40	31.35
大豆干酪	11.24	20.08		31.32
豆腐片	13.60	13.90	2.00	29.50
豆腐	11.13	15.58	2.40	29.11
豆腐（蒸）	8.00	12.75	1.95	22.70
婴儿配方豆粉（均值）	7.23	14.75	3.00	24.98
毛豆	9.27	9.84	4.29	23.40
浓缩大豆蛋白（乙醇提取）	6.83	5.33	1.57	13.73
豆浆	4.45	6.06	0.56	11.07
豆粉面条	0.90	3.70	3.90	8.50

虽然胸部训练不能直接丰胸，但女性的乳房正好在下部胸肌的位置，如果下部胸肌能适度增大，至少在视觉上可以起到托起乳房的作用，让胸部显得挺拔。从这个角度出发，可以考虑着重训练下部胸肌。

训练胸肌的核心动作，我这里推荐两个：一个是推，一个是夹。有很多不同的辅助推胸和夹胸的训练器械，可以用杠铃、哑铃，也可以用固定器械，甚至弹力带，但本质上动作都是一样的。推胸有个方向问题，就是平行着向上推与平行着向下推的训练效果不一样。如果着重训练下部胸肌，就用双手向斜下方推的动作，如图 24 所示。

图 24　下斜卧推

有的健身房可能没有下斜卧推的固定器械，那么你也可以用坐姿推胸的器械（注意不是上斜坐姿卧推）：把座椅位置调到最高，上身稍微往后倾，这样对下胸部的刺激会更加明显。

双杠臂屈伸的动作，能更好地训练下部胸肌，双手完全向下推，如图 25 所示。这个动作对多数女性来说做起来比较难，但不少健身房都有可以调节助力的双杠臂屈伸器械，也很方便。

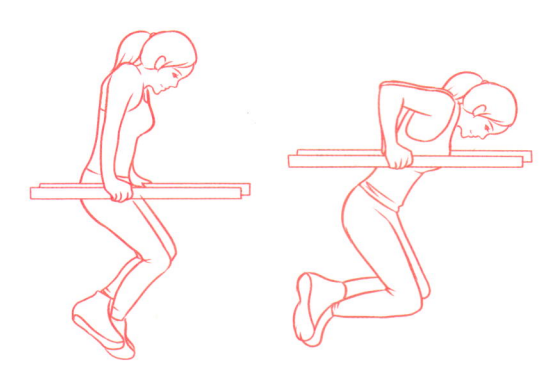

图25　双杠臂屈伸

向下夹的动作就会练到下胸部。想要着重训练下部胸肌，还可以选择夹胸的动作，就是双手在靠下的位置合拢，如图26所示。

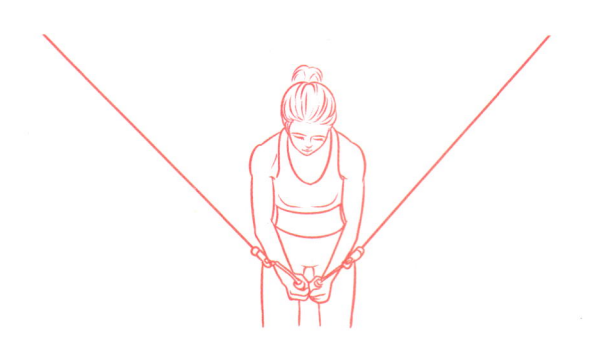

图26　龙门架夹胸

了解了下部胸肌的训练，训练上部胸肌就简单了。很显然，那就是反着来，向斜上方推胸、夹胸的时候，双手在上方合拢。这样的动作会让我们的上胸明显增厚，在上胸部出现隐约的胸肌沟，让人显得比较阳刚，似乎不太符合大多数东方女性审美要求。所以在训练前，你要先判断一下女性上胸肌比较发达的体态，是不是自己喜欢的体形样貌，如果喜欢就可以放手训练。我指导过的一些女性增肌后会向我抱怨，平时看上去还好，一做动作就能看出上胸明显的胸肌，太过阳刚，特别不好看。我在这里也提醒一下大家，要特别注意这个问题。

6. 背部训练选哪些动作

背部训练，并不是单纯地练背阔肌，而是要训练整个肩背肌群。我们的肩背肌群里有很多小肌肉，在背部的训练中都会被练到，如图 27 所示。

如果你恰巧有运动天赋，身体的觉知比较好，能够很好地调动身体具体部位发力，那么在训练背肌后，背部就会出现一块一块的肌肉线条。曾有个女性练习了两年后，发现自己的背部变成这样，她个人不太容易接受这样的体形，比较后悔。所以，我也给大家提个醒，如果你也不喜欢这种体形，那你就要注意了。另外，练背的动作在一定程度上也会训练斜方肌，致使斜方肌增

图27 肩背部肌肉

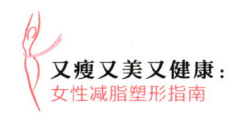

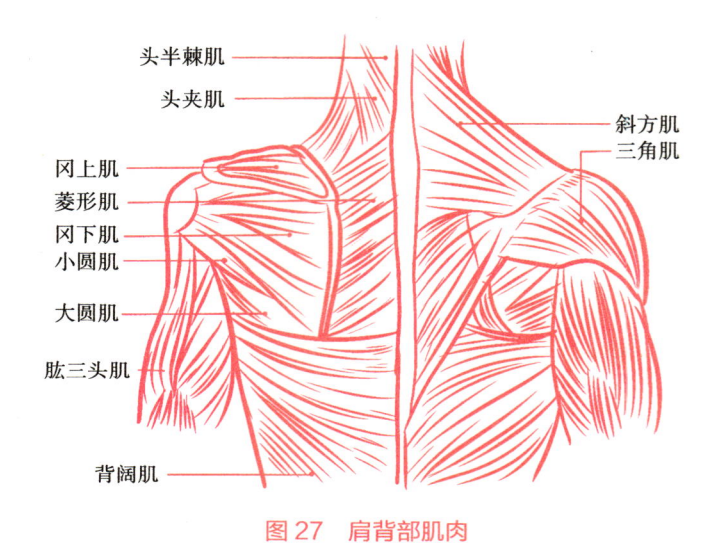

大,这也是部分女性比较害怕的事。

斜方肌分成上、中、下三个部分。我们练背时的基本动作是下拉式和划船式,其中下拉式是让肩胛骨旋转的过程。而肩胛骨一动,斜方肌很容易参与工作。

由图28可以看到,我们在做下拉动作的时候,肩胛骨发生旋转,斜方肌作为拮抗肌参与活动。简单来说,做下拉式的动作,不用太担心斜方肌练大。但是做划船式动作就不一样了,这时候肩胛骨是一个后缩的过程。如图29所示,斜方肌作为主动肌参与收缩,这就会比较明显地训练到斜方肌,包括斜方肌的上、中、下三个部分。

图 28　高位下拉

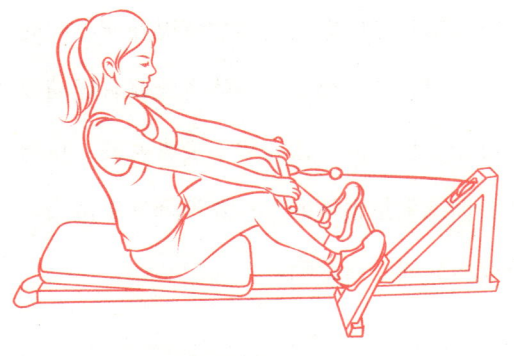

图 29　坐姿划船

在背部训练中，如果担心增大斜方肌，建议不要做太多划船式的动作，可以多做下拉式的动作。如果想练划船式的动作，也建议把手放得低一些，这样能让上部斜方肌少发力。

很多女性不想练某些部位的肌肉，因此顾虑不均衡地练习身体的肌肉，会不会出现肌力不平衡的情况，对身体造成不良影响。

首先，我们做力量训练的时候，在神经控制方面有适应性的问题，会出现交叉训练的现象。也就是说，你只是训练单侧肢体，即使完全不去训练另一侧的肢体，另一侧的肢体力量也能得到相应提高。我们的拮抗肌也是一样的，哪怕只是训练胸部，没有刻意去练背部，我们背部肌肉的力量也会得到适当提高。

其次，肌力不平衡达到非常严重的程度，才会导致身体出问题。人出现肌力不平衡的原因，多数情况并非单纯的运动训练所致，要么是外伤引起的，要么是身体本身就有运动神经类或肌肉隐疾，还有可能是长期的工作姿势不良影响的。在增肌塑形的过程中，女性的训练量是很低的，只要训练方法得当，一般不会对肌力平衡造成明显的不良影响。

7. 练腹肌会让腰变粗吗

腹部肌群的增肌潜力非常有限，女性也可以放心训练。有的女性担心，训练腰腹会不会把腰练粗？不必有这个担心。但是你要通过腹部肌群训练把腰练细，那也是做不到的。

人的腰的粗细，主要受先天的骨骼形态的影响，通过后天的努力可以得到一点改善，却不可能有特别大的改变。比如我们通过对背阔肌的塑形，对臀大肌的塑形，能够在视觉上构现出一个细腰的效果。不过这种改善也是有限的，而且在审美上也是一把双刃剑。

另外，先天腰部曲线再好看，如果腰部有很多赘肉，也会让腰部线条黯然失色，体现不出它的优势。而减脂，是塑造完美腰形必须要做的事。

网上很多所谓的练出小细腰的训练动作，我可以负责任地告诉大家，对于细腰本身没太大用。当然，如果这些动作做得多，减脂效果明显到影响了你的整体姿态，让你看上去更挺拔，显得腰变细了，那也算不错了。

8. 怎么练才能细腿和翘臀

在女性增肌塑形中，臀腿训练也是非常重要的，而女性下肢

的运动训练又是女性增肌塑形中比较容易踩雷的地方,最大的问题就是会不会造成粗壮腿。大多数东方女性喜欢腿细一点、臀部翘一点,但是细腿和翘臀之间就有一个矛盾,因为从运动解剖的角度来看,臀腿不分家。也就是说,臀部肌肉和腿部肌肉的功能很多部分是相通的,你要练臀,难免会练到腿,这里我先要讲讲关于臀腿的最基础的运动解剖学的知识。

我们的腿部肌肉,主要是大腿部分有两大块,位于大腿前侧的叫作股四头肌,位于大腿后侧的就是腘绳肌群。而腘绳肌群又由股二头肌、半腱肌、半膜肌这三块肌肉组成,如图30。

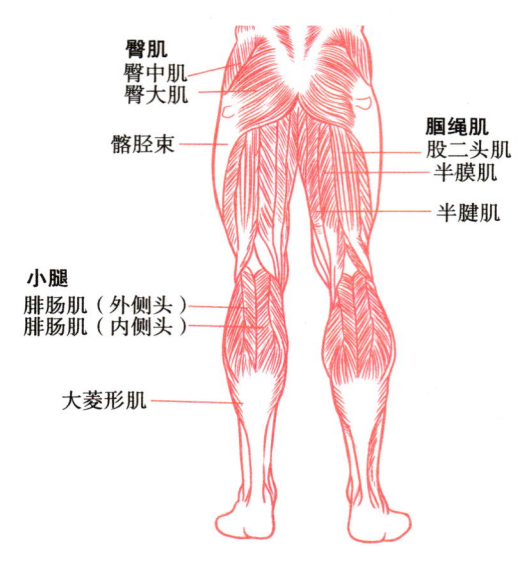

图30 臀腿部肌肉图

臀部塑形很简单，主要在于臀大肌塑造上。臀中肌、臀小肌对臀部塑形也有一定的帮助，但是作用比较有限。臀中肌位于胯的侧面，臀小肌属于深层肌肉。

臀翘不翘，主要看臀大肌的形态。臀部形态圆不圆，是不是拥有好看的"蜜桃臀"，与臀部的脂肪分布特点关系更大，这也是因人而异的。有的人的臀部不用怎么训练，也是饱满的、圆翘的；有的人在臀部训练上下了狠功夫，翘是翘了，但是不够饱满。在臀部塑形方面，后天训练是有帮助的，但是过分夸大训练的作用——任何人都能练出"蜜桃臀"，那也是不客观的。

臀腿部肌肉的主要功能

位于大腿前侧的股四头肌，主要功能是帮助我们伸直膝盖、辅助屈髋的。所谓屈髋，是指髋关节屈曲的动作，就是沿大腿根部向前向上抬起整条腿的动作。我们大腿后侧的肌群的主要功能是帮助我们完成伸髋的动作，也就是大腿从根部由前向后做伸展运动的这个动作，如图31所示。

我们大腿后侧的肌肉与臀部的臀大肌的运动功能是一样的，都是帮助人们完成伸髋动作的。要练臀大肌，不管是硬拉，还是

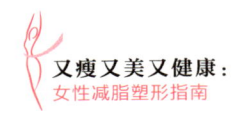

图 31　站姿后摆腿动作示意图

深蹲，这些经典动作都不可避免地会同时训练到大腿后侧的肌肉。如果用深蹲练臀，同时还会训练到大腿前侧的股四头肌。可见，要练臀就很难不练到腿。如果有的人告诉你，用他的方法练臀完全不会练到腿，切勿轻信，那是绝对不可能的。我们只能在练臀的过程中尽量少练到腿。

怎么训练臀部肌肉呢

怎么训练臀部肌肉？选择屈膝状态下的伸髋动作。

第五章
越来越美——东方女性增肌塑形策略和方法

为什么呢？因为你把腿伸直做伸髋动作时，你的大腿后侧和臀部会同时发力。如果你屈腿，让膝关节屈起来做伸髋动作时，我们大腿后侧的发力就会明显减少，因为在这个动作中，主要由我们的臀大肌发力。这样做能尽可能地在练臀时更少地刺激腿部肌肉，如图32、图33所示。图32屈腿后蹬的动作，可以用沙袋绑腿做负重训练，也可以到健身房里借助史密斯机做负重训练。

图32 俯身后蹬腿

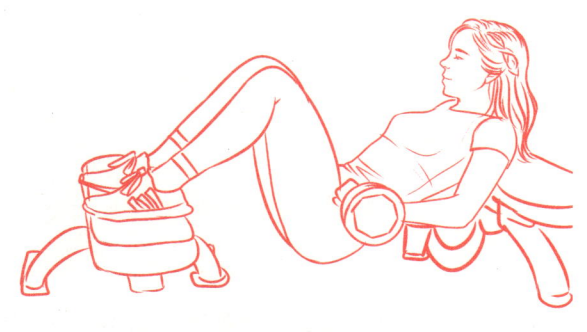

图33 负重臀冲

215

再次强调，想要翘臀，但你又不想明显粗腿，是可以这么训练的。另外，我们的臀部肌肉有髋关节外展的作用，其中臀中肌、臀小肌是主要的髋外展肌肉，臀大肌也有髋外展的功能，而腿部肌肉的外展功能就很一般了，所以做髋外展训练也有助于我们相对孤立地训练臀部肌肉。在健身房做外展训练时，可以借助图 34 中的机器。

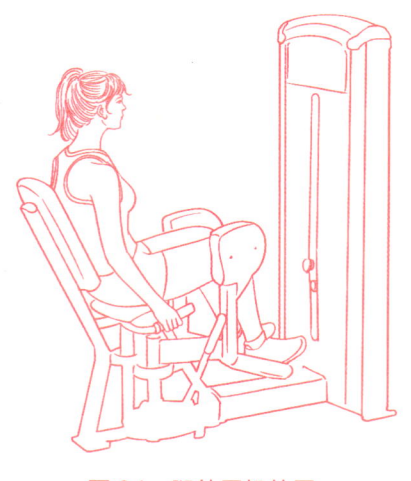

图 34　腿外展机外展

怎么塑造好看的小腿线条

有人认为，通过训练小腿，可以把块状的小腿肌肉练成条状小腿肌肉，起到瘦小腿的作用。这当然是做不到的！道理再简单不过了，我们的肌肉两端是连接在骨骼上的，而在我们的小腿里主要是比目鱼肌，覆在其上面的则是腓肠肌一头连着小腿骨。当我们做力量训练时，只会让肌肉的横截面积增大，但是连接肌肉两端的位置是不会变的，是固定的，怎么也不可能把块状的肌肉练成细长的条状肌肉。而且从理论上来说，越练肌肉会越趋近块状。

或许持这种说法的人的灵感来自拉面———一块面，押拉几次后就变成面条了。可是肌肉不是面团，肌肉是可以拉伸，但是不会因为拉伸而变细。

9. 减脂塑形运动训练组数及其组间休息的选择

女性在增肌塑形上应当如何控制训练组数及组间休息时间？很简单，我们每次训练时，一个动作做 2~3 组，这个级数是可以固定下来的。组间休息时间也是可以固定的，一般间隔 90~120 秒，也就是在 1 分半到 2 分钟之间。对于一般的肌肉力量训练来说，我们的体能是可以恢复过来的。

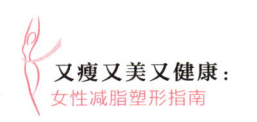

我建议大家选择中速动作。也就是说，用2秒完成一个推起或者拉起的动作，再用2秒完成这个动作的收回，这个速度适用于大多数人。我们以哑铃推举为例，完整地模拟一遍如何完成一个完整训练动作。首先，我们选好相应重量的哑铃。用4千克的哑铃做一组推举，做了25~30个推举动作就没力气了。我们会停下来休息90~120秒放松身体，直接坐着不动就成。然后，我们再做一组，仍然做到25~30个，再休息同样的时间，如此重复2~3组。每次推起哑铃时的用时在2秒左右，在举起的位置停顿一下，再用2秒左右的时间收回到推起前的准备位。建议做每一个动作时都要配合自己的呼吸，发力时呼气，还原时吸气。这不是绝对的，可以根据自己的习惯，怎么舒服怎么来。但是，我们一定要记住，千万不要憋气。

另外，安排一节训练课的动作时，要考虑某些肌肉之间的冲突问题。可以坚持一个最基本的原则，就是先练大肌肉，再练小肌肉。比如，如果你在一次训练课当中，先练肱三头肌，再练胸肌，就很不合适。因为在胸肌的训练动作里也会用到肱三头肌，先练肱三头肌，过早地产生肌疲劳，会让你在练胸肌的时候不能很好地发力，从而影响胸肌的训练。

第六章

女性变美，到处都是坑

变美是女性永恒的话题。让我们来看看，女性在变美的路上会有哪些坑。减脂，就是要做对的事。而在做对的事之前，先要避免做错的事，避免做"负功"，这也是非常重要的。

第六章
女性变美，到处都是坑

1. 最火的抗糖，是真实还是欺骗

凡是关注抗糖的同学，一般会对诸如非酶糖基化（简称非酶糖化）、晚期糖基化终末产物（Advanced Glycation End Products，AGEs）都很熟悉了，我在这里只讲重点。极端抗糖者喜欢的一个逻辑就是吃糖——产生 AGEs——皮肤衰老。不能说这个逻辑完全是错的，从理论上来看，我们的身体确实存在这么一个路径。但是，吃糖（包括含糖的食物）真的就会加速我们的皮肤衰老吗？问题远没有这么简单。

第一，皮肤衰老的原因是复杂的、多方面的，不单是 AGEs 这一个原因。而且在目前来看，AGEs 也只是在理论上跟皮肤衰

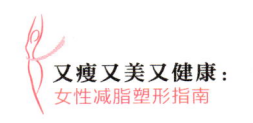

老有关，但是 AGEs 多到什么程度会加速人的皮肤衰老，少到什么程度会减缓人的皮肤衰老，其实到目前为止，还没有结论，仍处在一个探索阶段。

在很大程度上，皮肤衰老速度与人的遗传因素有关。也就是说，我们的皮肤衰老得快与慢，衰老到什么程度，在很大程度上由基因说了算。当然，我们的生活环境也有影响，但是很有限。在环境方面，影响皮肤衰老最大的因素是紫外线。皮肤光老化（指皮肤长期受到日光照射所引起的损害），是皮肤衰老最重要的外部促进因素。所以，防晒的重要性，要远高于防范 AGEs。

第二，AGEs 在正常的血糖水平下也会产生。如果你吃糖太多，血糖控制又不好，让自己经常处于高血糖状态下，会大大加速 AGEs 的产生。有人觉得，不吃糖就不会产生 AGEs，皮肤就不会老化。即使不吃碳水类的食物，你也会有一个基础的血糖水平。人不能没有血糖，也不可能不产生 AGEs。少吃添加糖，不超量摄入碳水化合物食物，并尽量吃低血糖生成指数（Glycemic Index，GI）碳水化合物食物，这都是对的。因为高 GI 食物进入胃肠后消化快、吸收率高，葡萄糖释放快；而低 GI 食物在胃肠中停留时间长、吸收率低，葡萄糖释放缓慢。在理论上说，吃低 GI 食物，不仅有助于防止皮肤加速老化，更对健康有好处，但

第六章
女性变美，到处都是坑

少吃、合理吃，不等于不吃，别走极端。

我们还是要有正常的碳水化合物摄入，主食、水果、奶类，都要吃一些，营养全面才更有助于健康。关键在于"度"：适度就是好，过度就是坏。极端的抗糖者，是把一切含碳水化合物的食物都当成洪水猛兽。完全不吃碳水化合物对皮肤衰老不见得有好处，但对健康一定有坏处。如果营养摄入不足，也不可能会有漂亮的皮肤。

那么，该吃多少碳水化合物，才是适量呢？主流营养学界的建议，普通人每天的碳水总摄入不低于120克。注意，这里指的是纯碳水化合物的量，而不是含碳水化合物的食物，我在前文讲过怎么计算食物中的碳水化合物含量。你会发现，每天合理饮食，碳水化合物摄入一般就是充足且不过量的。注意，在碳水化合物的种类上，尽量选择低GI的食物。

第三，很多食物里都有AGEs，不只来自碳水类的食物。水果、蔬菜、牛奶、豆类、全谷物食品、蛋类食物里也有AGEs，只是含量相对较低。AGEs含量比较高的食物主要是脂肪和肉类，它们的AGEs含量通常是大家害怕的碳水类食物的10~20倍。这些食物吃多了，AGEs水平自然升高。

尤其某些不当的烹饪方式，比如烧烤、烘烤、油炸烹制出的

食物里的 AGEs 含量都会非常高，水煮、蒸、炖等方式烹制出来的食物就要友好得多。如果你每天吃着烧烤、油炸食物，却戒着水果、主食，以为能避免 AGEs 的产生，其实不大可能，你体内的 AGEs 水平更高，可能衰老得更快。

第四，热量摄入过高、体胖，有可能增加 AGEs 在体内的积累。反过来，限制过高的热量摄入、减脂，可以减少 AGEs 在体内的堆积。其中，减脂更为关键。

第五，现在没有任何靠得住的科学证据能证明抗糖丸、抗糖洗面奶等产品，有延缓皮肤衰老的作用。

我们要理性抗糖，合理操作，切莫走极端，影响了身体的健康。

2. 瑜伽环瘦腿靠谱吗

瑜伽环能瘦腿，真是这样吗？

瑜伽环，就是一种波浪环形的健身辅助器械圈，形状像人的嘴唇（见图 35）。现在流行这样一种说法，把瑜伽环套在小腿上活动、走路，可以瘦小腿。

第六章
女性变美，到处都是坑

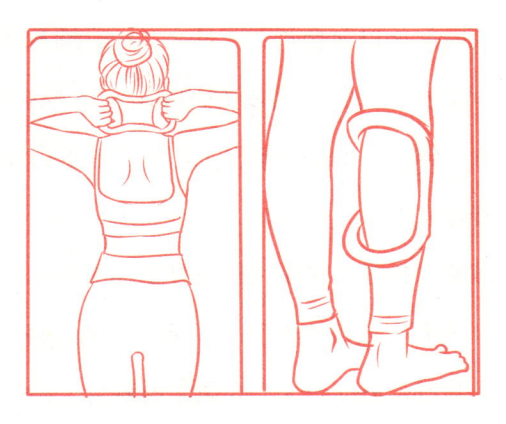

图35　瑜伽环

我们总是习惯于上网搜索，寻找自己想要的答案。或者会听听别人怎么说，尤其特别愿意问那些曾经使用过的人的看法和感受。这不是完全不可以，却不是科学的方法。毕竟瑜伽环能不能瘦腿，还是科学说了算。有的人可能会问，难道使用过的人说的话也不可信，不能说明问题吗？不是这么简单的，不能仅凭一两个人，或五六个人的体验，就得出结论。而要观察几百甚至上千人的体验后，才能初步判断某项产品的效果及其对人体的影响。而且，在整个过程中，还要用科学的方法排除可能的干扰因素，以免影响观察结果。举个例子，A在使用瑜伽环的过程中，也进行了饮食控制。那么，A的腿能瘦下来，就很难说是瑜伽环的作用，还是饮食的作用。B在使用瑜伽环的时候，还安排了其他运

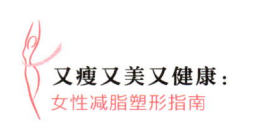

动,或者运动时间比以前变长了,那么,B的腿无论是变粗了,还是变细了,都存在其他运动或更长时间运动的干扰因素。此外,人的性别、年龄、生活习惯、工作方式等更为复杂的因素,都可能干扰最后的效果。

科学的做法,就是要排除过程中可能产生的所有干扰因素,实验中被试者的各方面因素要基本一致,只有把瑜伽环独立出来,才能看出它所带来的效果。在效果的测量上,数据要准确,方法要统一。测量器材不一样,手法也不一样,准确度就会有问题。还要对比被试者使用的程度大小,有全面的、准确的科学数据分析,才能得出相对科学的结论。

有人觉得,套上瑜伽环之后,小腿肌肉无法发力,就能瘦小腿,真的是这样吗?瑜伽环很紧,套在人的小腿上之后,的确会勒住小腿两侧的肌肉,但还不至于能让小腿两侧的肌肉无法发力。如果真的把肌肉勒到无法发力的程度,那距离肌肉坏死也就不远了。就算一块肌肉在一段时间里被勒着无法发力,也不代表就能让这块肌肉变小。我们不可能24小时都在腿上套着瑜伽环,在不使用瑜伽环的时间里,我们的肌肉能得到充分的刺激,不会使肌肉变小。胳膊或者腿受伤的人,打一段时间的石膏后会因为肌肉萎缩变得很细,但在石膏拆下来之后又会恢复。我们的肌肉适应能力很强，靠瑜伽环的禁锢力是不可能瘦腿的。

还有人觉得，瑜伽环可以起到按摩小腿的作用，所以能瘦腿。确实在瑜伽环按摩小腿的当时，可能会让小腿的组织水分减少，使小腿的围度变小一些，但是很快变小的围度还会恢复到未使用瑜伽环前。就此而言，瑜伽环也很难起到瘦腿的效果。

事实上，过紧的瑜伽环套在小腿上时间太长，可能造成肢体局部缺血引发更为严重的健康问题，比如血管栓塞。市场上类似瑜伽环的产品还有很多，比如一夜爆火的各种变美小器械。它们可能会有意想不到的隐性问题，我们要冷静，并谨慎对待。

那么，该怎么瘦腿呢？我们做不到局部减脂，也就不可能单独瘦腿。瘦腿的方法只有一种，那就是减脂。全身脂肪减少了，腿部的脂肪也会相应减少。有不少女性发现，下肢的脂肪减少并不容易，虽然减脂时全身脂肪会跟着一起减少，却有快慢的差别，下肢往往会慢一些。只要持续努力，我们的腿部脂肪仍然能减下来。

虽然做不到局部瘦腿，但我们能尽可能地改善腿形。不少人的腿形问题，都与下肢协调和平衡能力不足有关。所以，我教大家三个能够提升下肢协调和平衡能力的动作，可间接地辅助完善腿形（见图36、图37）。

又瘦又美又健康：
女性减脂塑形指南

图 36 踢气球

图 37 两点支撑

第一个动作：踢气球。

如图 36 所示，准备一个气球，用两只脚轮换着踢气球，让气球尽可能不落地。这看着简单，对于经常久坐办公的人来说，开始时未必很容易。踢气球可以提高我们眼、脚协调能力，单脚支撑平衡能力和腿部力量的调节能力，对间接改善腿形不良有一定的辅助作用。

第二个动作：直线行走。

在地上画一条直线，或者找一条长长的瓷砖缝，沿着这条直线，前脚脚跟挨着后脚尖，交替着往前走。每 5~10 米为一组。经常做这个动作，对提升下肢平衡能力和肌肉控制能力很有帮助，能够间接、有效地改善我们的腿形。

第三个动作：两点支撑。

如图 37 所示，两手虎口贴实地面，两个膝盖与小腿前侧平铺地面，来到四足跪姿。回勾双脚脚尖，同时抬起左手和右腿前后伸直延展，或者抬起右手和左腿前后伸直延展，也就是同时抬起异侧手和腿，保持身体平衡呼吸八次左右，再恢复到四足跪姿。接下来，同时抬起左手和左腿，或右手和右腿，也就是同时抬起同侧腿，同样保持身体平衡呼吸八次左右回到四足跪姿。经常训练这个动作，对提高上下肢协调能力、下肢平衡能力、核心

协调能力都非常有帮助，也能间接地改善腿形。

大家有空时可以适当地练一练以上这三个动作，每天拿出 10~15 分钟就可以。持续一段时间，会有意想不到的效果。

3. 揉一揉，扭一扭，脸形就能改变吗

接下来我们说说关于脸形的坑，一个是正骨变脸，一个是瘦脸操。

正骨能改变人的脸形吗

最近很流行正骨能改变脸形、矫正各种体态的说法，更夸张的一种观点是：正骨能让人长高。

正骨并不神秘，本是中国传统医术之一，只是这种治疗方法不以吃药为主。广义上的正骨，在两千多年前就有记载，《素问》里面就有通过调整脊椎骨治疗督脉上疾病的方法。其理论依据是：人身上的有些病痛是由于脊椎骨的问题造成的，要"治在骨上"，从骨头上根除病症。唐代孙思邈的《备急千金要方》里有

治疗腰部扭伤的手法,这也算正骨。

后来正骨发展成一个比较复杂的系统,以手法为主,也配合吃药,筋骨上的问题都归于正骨。比如,在过去你要是骨折了,或有筋骨方面的损伤等,正是正骨要解决的问题。在现代中医学里,正骨是推拿学里一个重要的组成部分,辅助治疗骨伤、脊柱方面的病症,整容、整形肯定不是正骨的"本业"。

正骨到底有没有可能帮助人们整容整形?不可否认,通过调整面部骨骼,可以改变面部轮廓,这在现代整形医学上是可以做到的。怎么做?用手术。但是通过正骨,甚至揉揉、捏捏就把脸形彻底改变的说法,就是无稽之谈,至少在目前还没有人做得到。大家换个角度去想,如果真的能做到,谁还会耗巨资在脸上动刀子呢?

为什么有些视频,或者电视节目上,看着有人揉揉、捏捏,脸形就有了一些变化呢?其实这不是正骨改变了脸形,而是我们通过揉捏暂时改变了面部组织的含水量,让我们的脸暂时看着小了。不用正骨,我们在家就可以做到,只须用中等力度揉自己的半边脸,几分钟对比一下会发现,被揉过的半边脸看起来显瘦了。但是,过一会儿两边脸又一样了。

正骨增高也是同样的道理,并不是真的让人长高了,只是

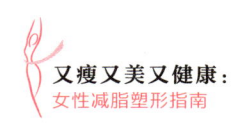

通过正骨的调整，让人体的某些肌肉放松了，某些肌肉有意识地收缩了，会让人的腰、胸挺得更直，这时候测量身高，就有可能"长高"一点。但是，过一会儿就又恢复回去了。还有，人类早上的身高通常要比晚上的身高多1~2厘米。这是因为人的脊柱有弹性，白天受到重力的作用会压缩一点，晚上睡觉时得到了恢复。

那么，正骨有副作用吗？

这个问题不好回答。因为正骨是一个松散的系统。正骨"门派"很多，不同的"门派"正骨理论也不统一。这不仅仅是在中国，在日本也有很多正骨流派。在同一个门派里，也是一个人一个手法，不统一。流派众多，手法各异，没有统一的标准，我们也就没办法判断正骨有没有副作用。我个人建议，在不明确正骨的副作用之前，不要轻易地尝试这种方式，不能说它一定会不安全，但也没办法说它一定安全。如果你接触到了正骨瘦脸、正骨美容的宣传推荐，不要轻信，更不建议尝试。

瘦脸操能瘦脸吗

在说瘦脸之前，我们先了解一下：为什么有人会胖在身上或腿上，有人会胖在脸上？在过去一段时间曾流行一个说法：吃不同的东西，人会胖不同的位置，比如，吃冰激凌会胖哪儿、吃汉堡会胖哪儿、喝可乐会胖哪儿、吃牛排会胖哪儿等，这当然是伪科学。

实际上人的脂肪分布，是有一定客观规律的。成年男性多是中心型肥胖者，更容易胖肚子，所谓的"将军肚"其实是由于人的内脏脂肪比例较大造成的。而女性更多是梨形身材者，也就是下肢的臀腿比较胖。这种身材方面的差别，与男性的雄性激素优势明显强于女性有关。

脂肪的分布通常也跟年龄有关。年龄越大，内脏脂肪的比例也会越大。人的脂肪分布还有很强的个体差异，也就是说跟人的基因特点有关。如同我们每个人长得都不一样，脂肪分布特点也是一个人一个样。有些容易胖脸的人，并不是哪些地方做得不对导致的胖脸，而是他们的基因决定的。

局部减脂一直是减脂者的梦想，脸胖的人当然也希望能局部瘦脸。只是直到现在还没有自然健康地让人局部减脂的方法，唯一可知的方法就是通过外科手术局部减脂，这就不是自然健康的方法了。我们很容易想当然地认为，运动局部的肌肉能让局部的脂肪减少。

有很多局部减脂的实验研究，比如让被试者做卷腹一段时间

后，对比他们腹部脂肪和身体其他部位脂肪厚度的变化，发现他们腹部的脂肪并没有比肩胛下、手臂等位置的脂肪减少得更多。人整体瘦下来，身体的脂肪会相对均匀地减少。所以，局部减脂只能成为一个美丽的梦想。

试想，如果真的可以活动哪里就能减去哪里的脂肪，人的身材会不会极其怪异？因为人的职业不同，平时被经常活动到的身体部位也有所不同，岂不每个人呈现出来的样子都很奇怪？比如跑步爱好者，腿会极瘦，胳膊也瘦，身体和脸都很胖。

那么，瘦脸操有用吗？其实大家可能已经知道了，瘦脸操根本没用。所谓瘦脸操，无非是想通过活动面部肌肉，试图减少面部脂肪达到瘦脸的目的。目前还没有通过运动面部某些肌肉，就改变脸形的方法。如果真的有这样的方法，也只能让人的脸部越来越胖，因为通过运动肌肉是很难减少肌肉的，实际上运动肌肉是能增加肌肉的。

现在有很多奇奇怪怪的减脂方法，包括已经被证实根本无效的减脂方法，都会有人反驳这样一句话："我用了，我就瘦啦！"这主要还是心理暗示的作用。最简单的例子，在现代医学出现之前，用巫术治病。人生病了，让巫医帮忙念些咒语，病人会感觉好受一些，这其实都是心理暗示作用。当你吃了一种减脂产品，或者做了一种减脂训练之后，你的潜意识会告诉自己，"我在减脂！"这种认知会不由自主地影响你的行为发生一些改变，比如，你会控制自己吃的东西，日常活动也跟着有了一些好的改变。

读者经常反馈，读了我的书也没执行书里的方法，就莫名其妙地瘦了 2 斤，太奇妙了！其实一点也不奇妙，因为我的书里讲的就是健康饮食、合理运动。他们在心里有了潜移默化的转变，会不自主地践行书里的知识。

想知道瘦脸操到底有没有用？科学的方法是找到足够量的人去做瘦脸操，但是不告诉他们真实的目的，进行盲实验，以避免"安慰剂效应"的影响。然后用统计学的方法，做科学的分析，这才能确定瘦脸操到底有没有用。

目前我个人建议，真想瘦脸就要健康饮食，并配合合理运动进行减脂。只要人瘦了，脸总会不同程度地瘦下来。

4. 怎么练出直角肩、天鹅颈

直角肩、天鹅颈是很多现代女性孜孜以求的。

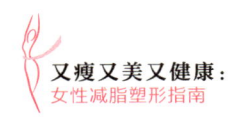

真有通过训练，获得直角肩和天鹅颈的人吗？如果有，他们是怎么练的呢？

直角肩不是一个学术概念，而是一个审美概念，所以它没有明确的定义，不同的人可以有不同的理解。总的来说，直角肩也叫平肩或端肩，通常是指比较平的肩膀。与直角肩相反的概念是溜肩。直角肩比溜肩让人显得更挺拔、更瘦。

天鹅颈呢？顾名思义，就是挺拔且细长的脖子，有天鹅般的姿态。与天鹅颈相对的是短脖子、粗脖子。从大众审美来看，天鹅颈是很美的。但是，直角肩和天鹅颈再好看，并不是每个人都可以练出来的。人和人的长相千差万别，身材也是各不相同，有的人不用练，天生就是直角肩；有的人再怎么训练，也是溜肩。仅仅靠训练是很难变成完美的直角肩的。天鹅颈也是一样，有的人再怎么练也很难练成天鹅颈。我们的身材很大程度上，是由遗传基因决定的，后天的努力很有限。只能说通过正确的训练，让我们趋近于直角肩和天鹅颈。

那么，具体该怎么练呢？最重要的是做对两件事：一件是减脂，一件是保持良好的身体姿态。想象一下：一个身高160厘米、体重70千克的女性，如果不减脂，无论怎么练都很难练出直角肩和天鹅颈。所以，我们要做对的第一件事，就是减脂。第二件重要的事就是保持良好的体态。从一定的角度来看，直角肩和天鹅颈有一定的相关性。其实在体态上要关注的重点，就是要让肩胛骨保持自然后缩下拉的状态，不要耸肩前伸，也就是我们要时刻保持挺胸的状态。而想要形成天鹅颈的视觉效果，还需要结合一个抬头的动作，把头部扬起来，给人向上拔的感觉。切忌头往前探或伸。

为了达到保持肩胛骨自然后缩下拉的目的，我给大家推荐两个简单的拉伸动作。

第一个动作，伸展手臂。其实就是我们小时候常做的扩胸运动，如图38所示。这对拉伸我们肩部复合体前侧的肌肉很有帮助，也对肩胛骨的舒展有一定的好处。

第二个动作，是一个拉伸肩关节的动作，如图39所示。这个动作的目的是提升肩关节活动度，帮助我们纠正肩部的不当体态。

经常练习这两个动作，对获得直角肩和天鹅颈大有帮助。

另外，适当训练一下我们的三角肌中束，适度增肌，也能帮助修炼直角肩。三角肌中束的训练，我在前文讲过，这里就不重复讲了。

图 38　伸展手臂 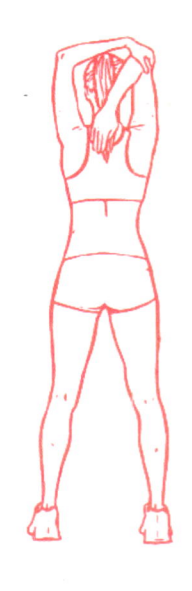　　　　图 39　肩关节拉伸

我们该怎么看待直角肩和天鹅颈这类概念？之前是马甲线，后来有了 A4 腰，现在又是直角肩和天鹅颈，大家发现了吗？所谓"美"的标准，越来越趋向统一化。我不否认直角肩和天鹅颈是好看的，但是我始终不太喜欢那些火起来的概念性说法。每个女性都有她独特的美，美的标准不该千篇一律。如果给美一种标准化的度量方式，大家都去追求这一标准美，这是让人感觉别扭的地方。比如，过去流行过一段时间的 A4 腰。有的人的腰可能比 A4 纸宽，但整体很协调，也很漂亮；而有的人的腰，即便是

如A4纸般纤细,也不一定就真的好看。但是,由于这个概念的流行,很多女性盲目跟从,节食、拼命运动,弄得自己很累,甚至把身体弄坏了。即使追求到了A4腰,就真得变美了吗?那也未必。

任何事如果做过了头,都不可能是健康的。我们要知道:一千个人就有一千种美,我们只需要做好独特的那个自己就可以了。

5. 睡姿错了会毁容吗

有人说,睡姿错了,人会变丑;睡姿对了,能把身材睡漂亮,真的是这样吗?如果是真的,那也就意味着我们需要一个标准睡姿。

忙碌的现代人总是希望什么事都能有个"标准",我们也愿意把事做得趋近于标准的程度。实际上这个世界很复杂,很多事很难有统一的标准。睡姿也一样,尽管我们非常希望能有一个标准供我们参照,但是现实中很难形成一套真正的标准睡姿。

不同的人,适合不同的睡姿。可以这样认为,最适合自己的

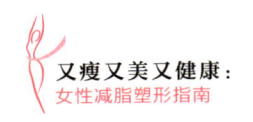

睡姿就是"标准睡姿"。另外，大家都有体会，在睡觉的时候一直保持一个姿势，时间长了身体会觉得累。这是因为我们在躺着不动时仍会有一些深层肌肉处在收缩状态，保持一个姿势会让这些肌肉持续收缩，时间长了肯定会觉得累。时不时换个姿势，能让我们睡得更好。从这个角度讲，也不可能有标准睡姿。

虽然没有所谓标准睡姿，并不是没有不良睡姿，有些睡姿确实会影响健康。英国睡眠专家克里斯·伊济科夫斯基教授，把大多数人的睡姿分成了6种，如图40所示。

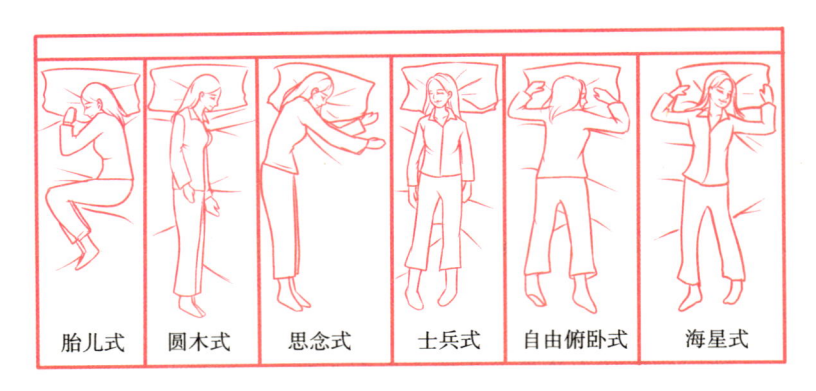

| 胎儿式 | 圆木式 | 思念式 | 士兵式 | 自由俯卧式 | 海星式 |

图40　6种睡眠姿势图

其中胎儿式是最常见的睡姿，大概65%的人睡觉喜欢以胎儿式为主的侧卧姿态，类似的还有如图40中的圆木式和思念式。喜欢用自由俯卧式睡觉的人最少，大概只占人群的5%，剩下的

30%的人喜欢仰卧睡姿，如图中的士兵式和海星式。

不良睡姿会让我们变丑吗？

有种说法认为，人应该采取仰卧睡姿，而且不要枕枕头，我们脸上的皮肤会因为重力的原因往上提，从而对抗老化产生的面部下垂。这在理论上似乎说得通，如果我们总是把面部皮肤保持一个上提的状态，确实会降低面部皮肤的下垂程度。只是这种方法是不是有用，还没有明确的研究验证结论。就算这种方法有用，在多大程度上有用还是个问题。纵使你不枕枕头仰卧一个月，可以让自己面部皮肤下垂度减少1%，但是这种睡姿让你很别扭，可能导致你这个月的睡眠质量明显降低，从而加速了你的皮肤老化，那也得不偿失。

虽然从理论上来说，睡姿有可能影响到人的美丑，但是我们平时睡觉本来就是翻来覆去并不固定的，即使某个姿势真的可以美容，那样微小的影响也在我们经常变化的姿势中相互抵消了。

那么，有没有对变美或者健康来说更好的睡姿呢？先要明确一点，不管是从变美还是从健康角度来讲，更好的睡姿一定是变化的睡姿。睡得健康，也就睡得美丽。如果睡不好，人的皮肤容易老化；如果颈椎睡出了问题，我们的姿态和体态也很难变得好看，并且睡姿对颈椎健康影响还比较大。总的来说，有几种睡姿

不利于我们颈椎的健康：仰卧无枕、仰卧高枕、侧卧高枕。仰卧无枕，会让头过于向后仰使颈部处于过伸的姿态；仰卧高枕正好相反，因为枕头太高让颈部处于一个过屈的姿势，很像我们站立位低头族低头的姿势；侧卧高枕，会让颈部处于一个"歪头"的姿势，容易导致解剖学的侧屈改变现象，也是不太健康的睡姿。

从脊柱健康角度来看，人在睡觉的时候脊柱应该得到足够的支撑，让脊柱处在不过度弯曲的状态。比如，很多人喜欢的侧卧位是最理想的睡姿，如图41所示。从后面看，脊柱处在一条直线上。

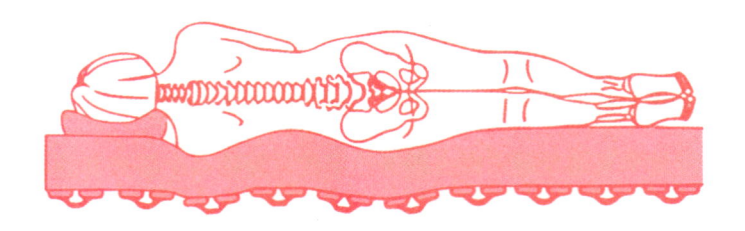

图41 睡眠时脊柱形态示意图

这需要软硬合适的床垫。人的身体有凹有凸，床垫有一定软度才能让我们身体凸出的地方陷进去；也要有合适的硬度，才能把身体凹陷的地方支撑起来。选床垫的时候，最好有两个人，一个人躺上去试，另外一个人在旁边观察。你在仰卧的时候，腰部不塌陷进去，也不过于向上挺，整个身体处于"平"的状态，与站立时候的姿态差不多；你在侧卧的时候，肩部和胯部不能过于陷在床垫里，也不过于凸出。这样的床垫对你来说就是最好的，是软硬合适的。

我给大家总结一个原则，好的睡姿是"睡如站"。也就是说，不管是仰卧，还是侧卧，身体都要像站立的时候一样没有过度弯曲，看上去整个人基本是直的。

另外，孕妇要特别注意自己的睡姿：对于孕早期的人来说，因为胎儿还很小，无论哪种睡姿对胎儿都没影响；孕中期的时候，胎儿渐长，采取仰卧、侧卧较为妥当，只有趴着睡不太好；孕晚期的时候，因为胎儿大了，仰卧、趴着睡都不好，专家一般建议采取左侧卧。

第七章

女性特殊时期怎么减脂

特殊女性人群该怎么减脂，比如月经紊乱的女性、备孕和孕期的女性，她们在减脂时应该注意哪些问题，是这章要解答的问题。

1. 出现低血压或低血糖怎么办

减脂的时候，女性常常容易感受到的一些"小状况"。有的女性减脂的时候，少吃一点主食就觉得血压低或血糖低，头晕没力气。但是多吃一点主食，体脂又降不下来，左右为难。

遇到类似的情况应该先看看，你是不是还有健康的减脂空间。比如，有的女性，身高也不低，体重减到40多千克时能继续健康减脂的空间已经非常小，甚至完全没有了，如果继续减重，持续地瘦下去，就会影响健康了。如果你属于这种情况，在减脂的时候感觉出现低血压或低血糖了，那就真的是血压或血糖不正常了，就不要继续减脂了。可以保持体重，甚至可以适当地

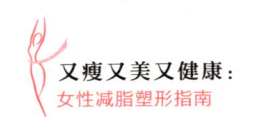

恢复一点体重。我知道对很多女性来说，不再继续减，还要恢复一点体重，是个很艰难的决定。但是没办法，毕竟我们提倡的是健康减脂，追求过低体重数字，最终损害的是自己的身体。

有更多的情况是，我们在减脂的时候产生了低血压、低血糖的感觉，一上称却发现体重还比较重，BMI值也在23~24之间。这其实意味着我们还有一定的减脂空间。那么这种低血压、低血糖的感受，可能更多地出现在我们的心理上，而不是生理上。对健康人来说，很难在短期内把血压、血糖降低到一个不健康的程度，尤其不会因为少吃一点导致低血压或低血糖的出现。说白了，只要身体是健康的，哪怕你一个星期不吃主食，甚至干脆两三天不吃饭，血压也不会立刻降低到不正常的程度，更不要说一两顿不吃主食或者仅仅少吃了一点。我指导女性减脂时，经常遇到一些女性说自己减脂减得血压低了，遇到这种情况我都会问她们："你平时的血压是多少，觉得低血压的时候是多少？"她们通常回答，自己没测血压，就是觉得自己血压低了。说到底，这主要还是一种主观感受。

在减脂开始的时候，很多在我们看来很好吃的食物不能吃了，也要控制饮食总量，会让我们产生一种没有在能自由吃喝的时候精神足，甚至有点"虚"的感觉，这主要还是一种心理上的感受。有些女性就把这种感觉当成了低血压、低血糖。现在很多人家里有血糖仪。我在指导减脂的时候遇到说自己低血糖的同学就会让她测一测,结果无一例外发现,她们的血糖并不低,处在合理健康的范围内。可见,所谓的低血糖的感受,仍然是一种主观的错觉。

还有一种情况是:女性减脂者本身糖代谢有问题,或者有糖尿病。她们的血糖长期高于正常值。在减脂的时候,通过合理饮食,血糖降下来了,并且降到了正常值范围内。尽管她们在这时候的血糖是正常的,但是可能会产生一些低血糖的感受,这种现象叫作相对低血糖。遇到这种情况,一般不需要特殊处理,如果感受非常强烈,比如出现严重的头晕、出冷汗、焦虑等问题,就需要适当处理了。

总之,大家在减脂的时候往往因为心理因素,导致主观上感受不舒服,如果不是生理性的问题,不需要特别处理。心病还须心药治,要从认知上解决问题。

2. 月经紊乱的女性怎么减脂

在减脂期间出现月经紊乱怎么办?这与减脂期间出现低血

压、低血糖的感觉不一样，因为月经不正常，已经不是主观感受，而是真实存在的客观现象。并且，确实有很多减脂的女性，在减脂时把月经减没了。

为什么女性减脂，会把月经减没呢？有一种观点认为，如果人的体脂率低到一定程度，月经就会"出走"。因为女性的必需脂肪要明显高于男性，通常要求维持在12%~15%，这主要基于女性的生殖需要。也就是说，女性要想有正常的生殖功能，就需要一定的身体脂肪量。所以，有人推测，女性体脂率过低，会导致月经紊乱或绝经。

但是，后来很多研究发现，有不少体脂率低到11%~12%的女性的月经仍然正常，低体脂率导致月经紊乱的观点就站不住脚了。也就是说，尽管女性需要12%~15%的必需脂肪，但是低于这个比例也不一定会出现问题。所以，目前学术界的共识是：女性体脂率低不是引发月经紊乱的必然因素。

那么，减脂期间出现月经紊乱的原因是什么呢？目前来看，主要是能量摄入过低引起的，能量的可用性决定了女性能否有正常的生殖能力。这里就要涉及一个概念——可用能量。

什么叫可用能量呢？简单地说，就是我们吃进去的热量，减去运动和活动消耗的热量，最后剩下的那部分热量。剩下的这些热量才是用来满足我们生理需要的，是我们身体的可用能量。比如，每天你摄入 1500 千卡左右的热量，运动和活动就消耗了 1300 千卡左右，最后你只剩下约 200 千卡的热量供身体维持正常生理活动，这显然是不够的，有可能造成女性月经紊乱。所以在减脂的时候，如果饮食热量摄入过低，或者运动量太大，导致可用能量过低，那么身体能拿来维持正常生理活动的能量就不够了，很有可能产生月经紊乱。这个时候，增加一些热量摄入，把身体的可用能量补上，一段时间之后月经还是能够恢复正常的。

如果在减脂期间出现月经紊乱，我们要注意下面几点：

第一，月经紊乱有可能是减脂引起的，也有可能是其他原因引起的，但是多数月经紊乱并不是减脂导致的。月经紊乱的情况很复杂，我们要先考虑其他更为常见的原因。有些女性在减脂的时候出现月经紊乱，会觉得一定是减脂引起的，于是本来执行得好好的减脂计划不敢执行了，饮食状态又恢复了原样，导致减脂失败，这是很不划算的事。

第二，减脂导致我们可用能量不足，进而出现的月经紊乱，不是三天两天就能出现的问题。从掌握的现有数据来看，女性从开始产生可用能量不足，到月经紊乱的产生，至少需要 2~3 个月的时间。如果在减脂没多久就出现月经紊乱，一般不是减脂造成的。

第三，减脂的时候出现月经紊乱，一定要先看一看自己在这段时间体重降低的速度。我在减脂指导过程中遇到过这种情况，一个减脂学员减脂了两周左右，在体重和体脂率没有明显降低的情况下出现了月经紊乱。她觉得是减脂导致的，但是我认为肯定与减脂没关系。因为减脂导致月经紊乱的前提条件是，减脂的时候可用能量明显不足，而可用能量明显不足会在体重上反映出来，那就是体重有明显降低。

如果你在减脂的过程中，体重没降低，体脂率也没变化，这其实非常客观地说明了你的饮食摄入量不低。当然，你可能会觉得冤枉，觉得自己比以前吃得少多了。事实上主观评价自己吃得少，并不一定真的吃得少。我反复强调，心理学研究和营养学研究早已明确，减脂者非常容易低估自己的热量摄入，实际热量摄入往往比自己主观感觉的热量摄入多得多。而且大量研究发现，就算是减脂者做了饮食记录，情况大致也是一样的。

身体是最真实、最客观的记录者，只要吃得足够少，人一定会瘦得快。我上文中提到的那个在减脂期间出现月经紊乱的女性，最后经过分析发现，她在那段时间刚好赶上了工作变动、搬家等一系列的变故。工作和生活稳定之后，她的月经很快又归于正常了。心理和情绪的因素，很容易影响女性的正常月经，一定

第七章
女性特殊时期怎么减脂

要仔细分析，不要妄下结论影响了自己正常的减脂计划。

第四，在减脂期间，采用极端的饮食控制方法，致使热量摄入太低，或者运动量太大，抑或两种情况兼而有之，最终减重速度太快导致月经紊乱，也不要恐慌，要谨慎处理。有不少女性遇到这种情况感到很害怕，于是赶紧多吃、乱吃，比如会不加分辨地吃快餐、烧烤、甜点等不健康的食物，把热量补充回去。一段时间后，月经是恢复了，脂肪也跟着恢复了，甚至反弹得更多，比减脂前还胖，那就得不偿失了。

这种情况下你应该做的是：别着急，慢慢地用健康的饮食，而不是因不健康的高热量饮食补充热量。而且，不要试图一下子补充太多，一点一点地来，找到既能减脂，又不影响正常月经的热量平衡点。你可以先增加一点健康的主食（减脂食物库中的主食），可每天增加 100~150 克纯碳水化合物，这就能增加 400~600 千卡的热量了。观察下一个周期的月经情况，同时重点观察自己的体重变化。

如果月经还没有恢复正常，体重降低还是过快，那就再增加一点碳水化合物，继续尝试。月经恢复后，体重降低速度也不快，不超过 1 千克 / 周，同时腰围减少 1~2 厘米 / 周，这是比较合理的减脂饮食，保持住就可以了。如果增加碳水化合物摄入量

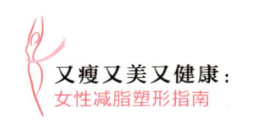

后月经正常了，但腰围等其他身体围度都减不动了，可以减少一点碳水化合物摄入量，增加一些日常活动。这时候看体重意义不大，一般认为，体重不降不等于没减脂，围度不降却相当于没有减脂。

有的人可能会问，为什么不用增加脂肪的方式，而是用增加碳水化合物的方式呢？确实有这样一种说法，女性在减脂时出现月经紊乱的问题，是脂肪吃得不够了。只是目前没有明确的科学证据能说明，脂肪摄入不足会引起月经紊乱。月经紊乱，是可用能量不足，不是脂肪不足。

通过碳水化合物补充能量有多种好处，碳水类食物热量密度低，营养密度高，补充碳水化合物可以让你不容易过度补充热量导致脂肪反弹，还能提供更好的饱腹感和更多的营养素。而且补充碳水化合物对脑力、运动能力的帮助都比增加脂肪大得多。所以，用碳水化合物来补充能量，对于多数脑力劳动者来说很有帮助，也有利于保证你的运动意愿和运动质量。

当然，这是针对还有健康减脂空间的女性（比较胖的女性）来说的。如果说本身已经很瘦，在没有健康减脂空间的情况下减脂引起的月经紊乱，就建议适量增加碳水化合物，直到你的月经恢复，当体重维持在适当的目标程度时，就不建议继续减脂了。

3. 生理期特别好减脂吗

有一种说法认为,女性生理期是减脂的福利期,生理期特别好减脂,是这样吗?

女性生理期基础代谢率确实会小幅提高,这是有利于减脂的。但是在这个阶段,女性的食欲也会明显提高,完全可能抵消基础代谢率提高的好处。所以从基础代谢的角度讲,生理期不比平时更容易减脂。很多女性有在生理期前和生理期当中食欲明显提高的体会。当然,也有食欲不好,或者食欲不变的,任何事都有特例。食欲提高,当然不利于减脂。我指导的女性学员在减脂时,生理期前和生理期当中都是个"坎儿",她们的食欲往往会爆发,口味也会更重,这不但不好减脂,反而可能更难减脂。另外,女性在生理期期间,容易出现情绪波动,这也不利于食欲稳定。有暴食问题的人都知道,生理期最难控制食欲,许多暴食问题经常出现在生理期。

还有的人认为,女性生理期脂肪分解旺盛,所以更好减脂。其实这也不对。因为脂肪分解不等于脂肪氧化燃烧,也不等于脂肪消耗。实际上脂肪分解是脂肪由大变成小的过程,与消耗是完全不同的两回事。你把衣橱里的一件衣服撕开了、分解了,衣服

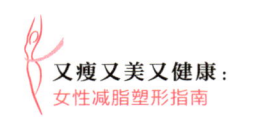

就消失了吗？衣服碎片还在，只要不扔掉，你的衣橱还是满满当当的，并没有空出地方。只有你把衣服的碎片扔掉了、消除了，衣橱里的衣服才真的减少了，衣橱的空间才会变大。

我们身上的脂肪，就是一个个装满甘油三酯的脂肪细胞，脂肪细胞里面装的甘油三酯越多，脂肪细胞就越大、越多。减脂，就是要把脂肪细胞里的甘油三酯变成能量消耗了。而脂肪分解是什么意思呢？是脂肪细胞里的甘油三酯分解成甘油和脂肪酸。东西还是那么多东西，这个过程中的任何东西都没有减少，只是颗粒变小了。

脂肪为什么要分解？因为我们的身体不能直接燃烧利用甘油三酯，只能先分解成甘油和脂肪酸，再分别利用。可以这样认为，甘油三酯分解是减脂的第一步。但是，分解后的脂肪酸没有被身体利用消耗，会再酯化成甘油三酯。也就是说，被分解的脂肪没有被利用还会变回脂肪。

脂肪酸是怎么被利用的呢？依靠热量的消耗、饮食热量缺口、运动和活动。也就是说，即使你在生理期脂肪分解很旺盛，但是你没有少吃，也没多活动，还是不能成功减脂。仅仅分解脂肪是没有用的。暂时被分解的脂肪，也可能再次变回脂肪。

为什么会有女性生理期是减脂福利期的说法呢？可能是有

人发现，生理期之后体重会降低。其实这只不过是女性生理期之后，身体自然地把生理期额外潴留的水分排掉了而已。你只看见生理期之后体重降低了，怎么不想想生理期的时候，你的体重也许还提高了呢。只能说，你还是原来那个你。

所以，对"生理期好减脂""生理期吃不胖"这类说法，我们要谨慎对待。

4. 备孕、怀孕女性如何减脂

备孕、怀孕女性想减脂，也不复杂，核心的要点就是满足备孕、怀孕时的营养需要。

备孕期间女性如何减脂

备孕的女性有什么特殊营养需求吗？最重要的只有一点，就是补充叶酸。营养学专家一般建议，女性在孕前3个月，开始补充叶酸，每天400微克。由于我们很难确定自己会在什么时候怀孕，所以建议补充3个月的叶酸后开始备孕，这是最有把

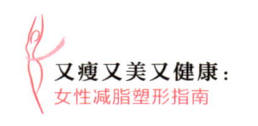

握的。只要不过量，就算多补充一段时间也没有坏处。

除了叶酸之外，备孕期间还可多吃一些含铁的食物。比如：动物血、纯瘦红肉。这些食物都能在我们的减脂食物库里找到。建议：每周吃2~3次动物血，鸭血最好，每次200克；每天都吃点纯瘦红肉；每顿饭随餐吃一些新鲜蔬菜水果，平时不喜欢吃蔬菜水果的女性，可以随餐补充50毫克左右的维生素C，这有助于铁的吸收。

最后，要注意吃碘盐，以保证碘的摄入充足。

孕期的女性应该怎样减脂

孕期女性减脂就稍微复杂一些。首先，原则上不建议已经怀孕的女性减脂。如果BMI值较高，超重或者肥胖，建议在孕前减脂，达到理想的BMI值后再怀孕，尽量不在孕期里让体重降低。因为我们的脂肪里有着一些脂溶性的有毒物质——半挥发性有机化合物，被称为SVOCs（Semi-Volatile Organic Cornpounds, SVOCs）。这些毒素平时在我们的脂肪里，减脂的时候，有可能随着脂肪的消耗释放进血液，还不明确是否会对胎儿的大脑发育产生影响，谨慎起见不建议女性在孕期减脂。

这样看来，孕期减脂岂不成为伪命题？其实也不是。不建议孕期减脂，这不代表孕期不需要控制体重。孕期减脂，就是让女性孕期体重的增长保持在一个合理范围之内。原则上，女性在孕期是要增重的，但是增重过多，也会对孕妇和胎儿有很大的影响。所以，孕期减脂是"以增为减"，也就表示在这个时期的女性的体重增长不多，也就是在减脂了。

如果你已经怀孕，但体重超重或者肥胖，也不建议减脂、减重，可以通过合理饮食和适当活动，甚至轻量运动，把孕期体重的增长控制在合理的范围内。

现在的问题是，什么程度的体重增长速度是合理的？孕期合理增重值，是与孕妇孕前的 BMI 有关系的。孕前体重越轻，孕期增重空间相对越大。孕前体重越重，孕期增重空间相对越小。具体情况参考表 14。

表 14　怀孕期增重量建议表

孕前体重状况	建议增重量
体重不足 BMI < 18.5 kg/m²	28~40 lb (12.7~18.2 千克)
正常体重 BMI = 18.5~24.9 kg/m²	25~35 lb (11.4~15.9 千克)
超重 BMI > 25~29.9 kg/m²	15~25 lb (6.8~11.4 千克)
肥胖 BMI > 30 kg/m²	11~20 lb (5.0~9.1 千克)
双胞胎	25~54 lb (11.4~24.5 千克)

由表 14 可以粗略地看出：孕前体重不足，BMI 低于 18.5 的女性，建议孕期增重在 12.7~18.2 千克之间；孕前身体肥胖，BMI 大于 30 的女性，建议增重在 5.0~9.1 千克之间。想了解更具体和细致，可以参考图 44——增重曲线图。

孕前体重正常的女性，应将妊娠期体重增加的目标定在 B~C 的范围内（25~35 lb）；体重不足者的增重目标应在 A~B 的范围内（28~40 lb）；孕前超重女性的增加目标定在 D 的范围（15~25 lb）。这里要特别说明：1 lb≈0.45 千克。不同颜色的区域，代表孕前不同体重的孕妇的合理增重范围。横轴是孕周，纵轴是体重增加量。我们对应着观察就能看出，不同的孕周所对应的理想的体重增加量。

在孕早期。一般不需要过多增重，图 44 中可观测到曲线也比较平缓。孕早期通常是孕妇最容易减重的阶段，因为这个阶段女性的孕吐反应比较明显，什么都吃不下，很容易瘦下来。孕吐严重，体重有较大降幅的女性一定注意，千万别觉得这样也挺好，起码能减脂了。在这个阶段，即使不需要增重很多，但是营养学家也是建议增重的。这种情况下，最好能吃下什么就尽量吃什么，多种食物、多口味轮换着尝试，确保让体重增加在合理区间内。

图 44　增重曲线图

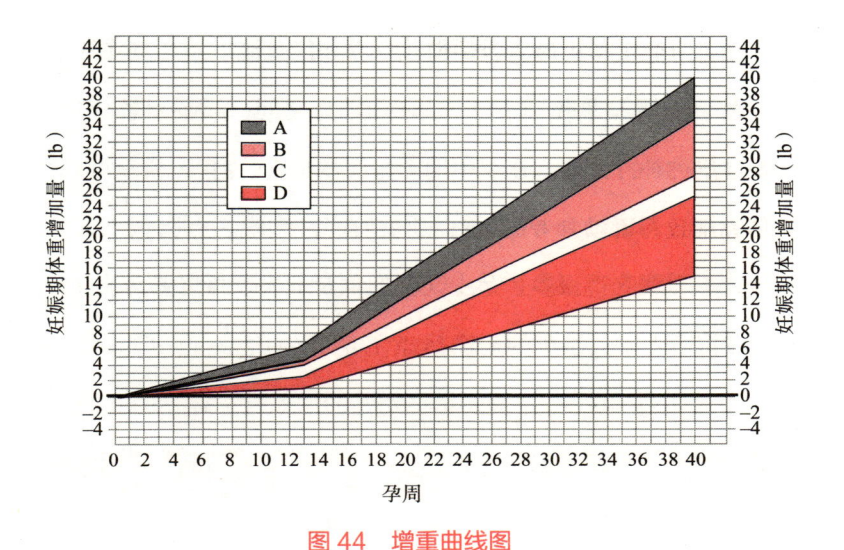

当然，也有一种错误的观念认为，怀孕了一定要多吃。于是，从怀孕的第一天开始，每天必须吃多少肉、多少蛋、多少奶等。尤其老一辈人容易有这种错误的观念。其实在孕早期，胎儿还很小，不需要额外增加太多营养，吃够自己健康所需的即可。需要特别提醒的是：每天的碳水化合物摄入量不建议低于120~130 克，以避免明显生酮，因为酮体有可能对胎儿产生不利的影响。

在这个阶段，实在吃不下也别硬吃，一方面硬吃容易让自己变得太胖、增重过度。另外，本来就孕吐，看什么都恶心，还非

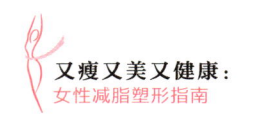

要硬吃，只能吐得更厉害，反而让营养和热量流失。

在孕中期和孕晚期，建议适当增加一些营养和热量，但也不要过量进补。比如，在孕中期，每天增加 15 克蛋白质就可以；在孕晚期，每天增加 30 克蛋白质就够了。多吃一点肉蛋奶就能补足，不需要吃得很多。孕中晚期的饮食，大家可以参考表 15，这是中国营养学会给出的建议。

表 15　孕中期及孕晚期孕妇一天食物建议量 (g/d)

食物种类	孕中期	孕晚期
谷类 / 薯类	200~250/50	200~250/50
蔬菜类	300~500	300~500
水果类	200~400	200~400
鱼、禽、蛋、肉类（含动物内脏）	150~200	200~250
牛奶	300~500	300~500
大豆类	15	15
坚果	10	10
烹调油	25	25
食盐	6	6

建议孕期的女性，尽量吃够表 15 中的食物种类和量，也可以结合自己的情况适当调整，让孕期增重在合理区间内。比如，孕前比较胖的女性，可在孕中晚期按照表 15 的建议量吃，具体

的食物可在减脂食物库里挑选，尽量不吃减脂食物库以外的食物，这既确保了营养和热量摄入充足，还能把体重增长控制在合理区间。

同时，孕期的女性也可以配合适量的运动和活动，以更好地控制体重增长。孕前体重较轻的，不需要拘泥于食物库，可以吃一些减脂食物库以外的食物。如果体重增幅还是不够，可以适当增加一些高热量的食物，以保证体重有足够的增长量。

5. 孕期怎么运动和活动

原则上多数运动孕妇都是可以做的，而且适量运动对孕妇有很多好处。一般来说，如果你孕前就有规律的运动习惯，那么在整个孕期都可以保持和延续之前的运动习惯。当然，这是针对没有运动禁忌的健康孕妇来说的。不过要避免造成身体剧烈震动或者冲撞的运动，比如拳击、滑冰、轮滑等。力量训练，在原则上是可以做的，但是要注意控制训练的重量，每组重复不超过12~15次，并适当延长组间休息时间。

孕妇孕前没有运动习惯，也没有运动禁忌，想在孕期运动，

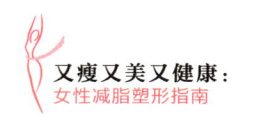

就要谨慎一些了。或者孕妇孕前有运动习惯，虽没有运动禁忌，但是在孕早期中断了很久，想在孕中晚期运动，也要谨慎小心。

孕妇运动一定要循序渐进，从低强度、短时间的运动开始，一点一点地提高强度、延长时间。在运动的强度方面，不建议有超过中等强度的运动。另外，从孕中期开始，不建议做仰卧位的运动了，比如卷腹、仰卧空蹬自行车之类的运动。因为这类运动会对孕妇腹部造成一定的刺激，对孕妇和胎儿不利。

在日常活动方面就比较简单了，只要孕妇体力可以支持，不觉得过于疲劳，日常就要多走、多活动，都是有好处的。

6. 哺乳期女性如何减脂

哺乳期女性减脂要比孕期简单一些，基本原则是在满足哺乳期营养需要的情况下合理饮食，在保证身体健康安全的情况下适量运动，可适量减脂。

首先，哺乳期是可以减脂的。在孕期，孕妇通常会增加一定量的脂肪，我们可以在哺乳期把多余的脂肪减下来。如果饮食摄入合理，哺乳期可以自然减重，即使什么都不干，也能慢慢瘦下

第七章

女性特殊时期怎么减脂

特殊女性人群该怎么减脂，比如月经紊乱的女性、备孕和孕期的女性，她们在减脂时应该注意哪些问题，是这章要解答的问题。

来，因为泌乳也是要消耗大量热量的。

其次，哺乳期及时减脂，对产妇健康也很重要。通俗地说，产后胖，没能很好地把体重减下去的情况，叫作产后体重滞留，很容易导致女性哺乳后持续肥胖，严重的可能会对女性健康产生不好的影响。

需要注意的是，在减重速度上要慢。建议哺乳期女性减脂的平均减重速度，不超过每周 0.5 千克。有些女性会在产后急于减脂，于是在哺乳期就吃得很少，并安排大量的运动，致使减重速度太快。这样也不好，会因为营养和热量摄入不足导致哺乳期女性产奶不足或奶水质量降低，影响哺乳期女性和婴儿的健康。

另外，有些哺乳期女性在哺乳期为了奶水充足，会吃得很多，导致哺乳期体重增加变胖，这样也不好。就好像孕期一样，哺乳期也需要增加一些营养和热量，但是不需要太多。可以参考孕晚期的饮食建议，合理安排饮食。需要特别注意的是，为了保证维生素 A、n-3 系列脂肪酸的摄入充足，建议每周吃 1~2 次动物肝脏，每次 50~100 克；每周至少吃一次海鱼。同时，也要吃加碘盐。

最后，建议哺乳期女性的饮食，可以参考孕晚期饮食的种类和量，到减脂食物库里选取食物，并增加适当的运动和活动。合

理饮食加适当运动,不仅能让哺乳期女性达到很好的减重效果,还能确保哺乳期女性在哺乳期营养充足。

  哺乳期女性的运动,要根据分娩情况进行妥当安排。自然分娩的女性,开始运动也要在产后 6~8 周后;剖宫产的女性,要根据术后恢复的情况酌情安排运动。无论哪种情况,哺乳期的减脂基本原则都是从低强度运动开始,每天 10~15 分钟。然后,逐渐提高运动强度,时间延长到每天 30~45 分钟。

后 记

这是一本写给"了不起的女性"的书

什么叫"了不起的女性"？我觉得现在绝大多数女性都很了不起，她们在各方面都更独立自主，更有自己的想法和观点。

我在写这本书的时候，有人建议我用女性喜欢的口吻去写。我想我大概明白这种"口吻"是什么意思，现在市面上很多畅销书大多是这种路子。

首先，从图书销量的角度考虑，我觉得这个建议可能是对的。既然读者人群明确了是女性，用女性喜欢的方式去写，当然容易让书卖得更好。只不过问题在于，女性喜欢的这种表达方式是不是真的能帮女性解决问题。

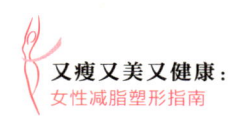

为什么这么说呢?之前有一个女性读者跟我说,她喜欢书,买了很多书,有些书是她看到封面或封面上的一句话买下来的,当时并没考虑书的内容。买回去后也没怎么读,就这么放在那里了。

还有一个做产品营销的朋友跟我说,现在有很多女性产品做得特别聪明,把很多的精力放在了包装设计上,特别能赢得女性的心。比如,有些包装让女性感到买了一种"被呵护感",还有些包装让女性感到买了一种"少女感"等。

一本书的封面设计、行文风格固然重要,但我始终觉得,对于一本书来说,最重要的还是书的内容本身。只有书的内容才能真的帮你解决问题。不要买椟还珠,即便"椟"和"珠"都好,也要始终牢记——"珠"才是我们真正需要的!

我个人不太喜欢现在一些女性减脂塑形书的做法,创作者太过注重包装的重要性,而忽略了内容的有效性。他们过多选择那些女性爱听、爱看,却不见得对女性真的有帮助的内容。书中故事很多,八卦很多,为女性打造了各种各样的"粉泡泡",让女性读者看得很舒服、很开心,能满足她们的情感需求,但没有解决她们减脂塑形的根本问题。

我觉得这种方式不能持久,因为越来越多的女性变成了"了不起的女性",不再满足于商业世界的"呵护和哄骗"了。或许你现在读的这本书,不一定能哄你开心,甚至有的地方可能让你暂时有点"不开心",但从长远来看,它可能帮你解决纠结你很久的体形问题,让你变得更美,也变得更好。